高校受験

出口式 中学国語 新レベル別問題集

0 スタートアップ編

出口汪
Hiroshi Deguchi

水王舎

目次

問題編

はじめに

「出口の国語」シリーズは、小学生から大学受験生に至るまで、圧倒的な支持を受けてきた、「超ベストセラー」の問題集です。

多くの学校や塾で採用されている「論理エンジン」「論理エンジンキッズ」をはじめ、小学生用には「はじめての論理国語」シリーズ、「読解・作文トレーニング―読む力・書く力をぐんぐんのばす」、中学生用には「システム中学国語」シリーズ、高校生用には「論理でわかる現代文」シリーズ、「システム現代文」シリーズなど、著作発行部数累計1300万部を超える、まさに日本でもっとも実績を積んできた問題集だと言っても過言ではありません。

今まで曖昧とされてきた国語を「論理の教科」と位置づけることで、多くの受験生の頭脳に革命を起こし、偏差値が20以上上がったり、国語以外の様々な教科の成績が伸びたりといった奇跡を、全国至るところで実現しました。

そして、今その奇跡をあなたが手にしようとしているのです。

●珠玉の問題文・最高の解説

実は国語ほど面白い教科はありません。そして、これほど大切で、しかも成績を上げやすい教科も他にないのです。

おそらく君たちの国語に対するイメージと大きく異なっているかもしれませんが、それは今まで国語の勉強法を正しく理解していなかっただけなのです。

少しでも国語の楽しさを知ってもらうために、また、考えることの大切さを実感してもらうために、私が心がけたのは、いかに良質の問題文を選択するかでした。そこで、一つひとつが君たちの血肉となり、考える楽しさを実感できるものを、膨大な入試問題から選び抜きました。

しかし、どれだけ素晴らしい文章であっても、それを理解できなければ、本当の面白さを実感することができません。そこで、中学生の君たちに理解できるように、それも表面的な理解ではなく、より深く鑑賞ができるようにと、わかりやすい解説を心がけたつもりです。

解説を自分で読んで理解できるからこそ、次々と多くの問題をこなしていくことができるのですから。

●なぜ国語ができないのか

「国語の勉強の仕方がわからない」
「勉強しても成績が上がるかどうかわからない」
「しょせん日本語だから、勉強しなくても何とかなる」
といった声をよく耳にします。

確かに、入試において、同じ文章、同じ設問が出題されることはほとんどあり得ません。英語や他の教科のように、記憶すべき知識もそれほど多くはありません。だから、どのように勉強していいのかわからず、途方に暮れているのではないでしょうか。あるいは、ただ何となく文章を読み、行き当たりばったりに設問を解いているだけではないでしょうか。

実は国語の問題のほとんどは読解問題です。そして、与えられた文章を理解したかどうかを、設問で試しているだけです。

それならば、どんな文章でも確実に理解できる読み方、どんな設問でも確実に正解を導ける一貫した解法を身につければいいのです。それが本シリーズの論理的読解、論理的解法です。

国語ができない理由の一つが、初めて目にする様々な文章を自分の頭で理解する経験があまりにも少ないことです。

大抵の場合、普段の授業では先生の説明を鵜呑《うの》みにし、定期テストではそれをただ答えているだけではないでしょうか。つまり、自分一人の力で文章を読み、それを頭の中で整理し、論理的に答えるという経験が圧倒的に不足しているのです。

中には問題集を買い込んで、自力で解いていこうとする強者もいると思いますが、国語の問題集の解説を自分一人の力で理解できる中学生はほとんどいないのです。大抵は挫折したり、ただ答え合わせするだけに終わったりします。それでは国語力が身につくはずがありません。

だから、「勉強の仕方がわからない」「勉強しても成績が上がるかどうかわからない」「しょせん日本語だから、勉強しなくても何とかなる」ということになるのです。

●なぜレベル別問題集なのか

本シリーズは、これらの問題点をすべて解決しています。

まず「スタートアップ編」で、どんな文章でも理解できる論理的な読解、どんな設問でも解ける論理的な解法を学びます。

問題は、それらを習得するための問題量ですが、ただ問題数をこなすだけで真の学力が身につくわけではありません。

一つひとつの問題文をどう読んだのか、設問をどのように解いたのか、自分一人の力で解説を理解できなければならないのです。

そのために、本シリーズでは詳しく、わかりやすい解説を心がけることはもとより、自分の学力で十分理解できる難易度の問題から始め、学力が上昇するにつれ、次第に問題の難易度を上げていくことで、無理なく解説が理解でき、しかも、豊富な練習量を獲得できるという工夫が凝らされているのです。

それが「レベル別問題集」なのです。

●なぜ問題が思うように解けないのか

国語はどのような学力を試す教科でしょうか？

国語の試験の大半は、「次の文章を読んで、後の問題に答えなさい」となっています。漢字や語彙、文法や文学史など、一部知識を問う問題も出題されますが、基本的には「次の文章」を制限時間以内に理解できたかどうかを、設問によって確かめるものと言ってよいでしょう。

問題文を理解できたかどうかを試される限りにおいて、答えや根拠は当然、文中にあります。

では、記憶すべき知識もあまり必要とされず、答えがすべて文中にあるのに、なぜ簡単に正解を導けないのでしょうか？

それには活字化された文章の性質を考える必要があります。

例えば、日常の会話ならば、目の前に相手がいて、論理的に説明しなくても、相手はある程度察してくれるはずです。あるいは、わからなかったら聞き返したり、質問をしたりしてくれるかもしれません。

一方、活字化された文章は、筆者にとって、読み手がいったい誰なのか、全くわかりません。

そのため、誰だかわからない読み手は一切察してくれませんし、聞き返してもくれません。間違ったことを書いたなら、それを修正する機会すら与えられないかもしれません。

筆者は、誰かわからない、しかも、一切察してくれない他者に対して、どうしても伝えたいことがあるから、活字化される文章を書くのです。

物事の筋道を論理というのですが、筆者は「自分の主張」を誰だかわからない読み手に正しく理解してもらうためには筋道を立てて説明しなければなりません。そして、どんな文章でも入試問題に出題されるということは、それが論理的に書かれた文章だからなのです。

それゆえ、君たちは筆者の立てた筋道（論理）をあるがまま追っていく必要があり、そのために、自分の主観をいったん括弧に入れなければならないのです。

さて、君たちが今までどれだけ国語の勉強をしても、思うように得点できなかった理由がわかりましたか？

一つは、筆者の立てた筋道を無視して、自分勝手に読んでいたからです。

論理的に読むということは、筆者の意識で文章を読むということであって、そのためにはある程度の訓練が必要となってきます。そうした意識がない限り、結局は無意識のうちに主観を入れて、自分で再解釈をしてしまうだけなのです。

もう一つは、設問に答えることができるように、頭の中の情報を論理的に整理できていないからです。

とくに今後重要視される記述式問題においては、なおさら情報を整理する力が必要になります。

何となく文章を読んで、ぼんやりと内容をつかんだところで、それを人にわかりやすく説明することはできません。文章を論理的に読むからこそ、それを頭の中で論理的に整理し、設問に対して論理的に答えることができるのです。

だから、国語は論理の教科だということができるのです。

●国語はすべての教科の土台

最近、子どもたちの読解力の低下が深刻な問題として取り沙汰されています。

では、国語力と読解力、そして、論理力はどこが同じで、どこが異なっているのでしょうか？

これらの共通点と相違点を明確にすることが、本シリーズを学習する上でとても大切なことなのです。

国語力とは前述したように、国語の読解力に、漢字、語彙、文法、文学史などの知識を加えた、総合力と言えるでしょう。

そういった意味では、国語力の方が読解力よりも大きな範疇《はんちゅう》と思えるかもしれませんが、読解力とは「読む力」のことで、それは国語に限ったことではなく、英語でも数学の文章題でも、理科の実験問題でも、社会の資料問題でも、やはり読解力が重要な鍵となります。だから、読解力はすべての教科の土台となる力であり、それなくしてはどの教科も学力を伸ばすことは困難です。

では、その読解力と論理力とはどう異なるのでしょうか？

真の読解力とは、論理的な読解力のことで、文章を論理的に読む力のことです。

筆者が論理的に文章を書いている限り、その論理を読み取っていくことは当然のことなのです。

それに対して、論理力とは「読む力（読解力）」だけでなく、それを論理的に「整理する力」、そして、論理的に「考える力」、論理的に「話す力」、論理的に「書く力」と言えるでしょう。

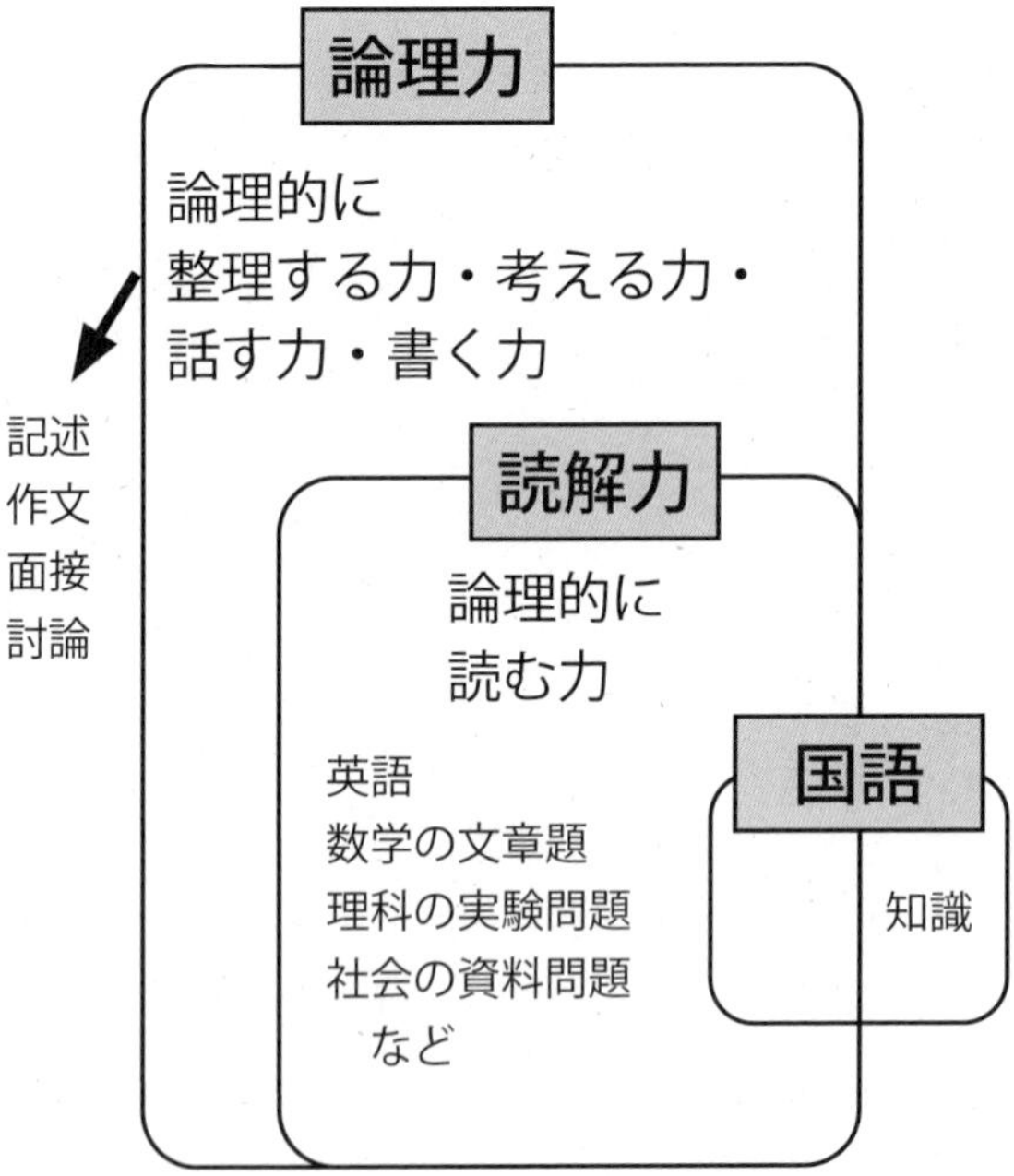

本シリーズによって国語を論理的に読む力を鍛えることで、国語力、読解力だけでなく論理力を同時に鍛え、それを生涯の武器とすることができるのです。

国語の得点を上げるためだけならば、何もそれほどの学習量は必要としないかもしれませんが、すべての教科の土台となる読解力、生涯の武器となる論理力まで鍛えるとなると、話は別になってきます。

●国語は将来の武器となる

まだ中学生の間は、英語でも数学でもそれほど高い読解力は要求されていません。例えば、英語では単語や熟語、文法や構文などを習得すればある程度高得点が可能ですが、大学入試レベルになると、長文読解が中心となってきますので、論理的読解力を中学生のときに鍛えておかなければ、やがて行き詰まってしまいます。

数学の文章題においても、日本語で書かれた文章を論理的に理解できなければ、数学の言葉（数式）に置き換えることができません。

中学生のときに国語の学習を疎《おろそ》かにした人は、結局大学受験でどんなに勉強しても難関大学の入試を突破することが難しくなるのです。

実は半分以上の大学入試の受験生が推薦入試の名の下に、学科試験をまったく受けることなく合格しています。

今後は少子化のためにこうした傾向がさらに顕著になり、ほとんどの受験生は学科試験を受ける必要がなくなるのです。推薦入試は小論文や、集団討論、面接等で選考されます。小論文は課題の文章や資料を論理的に読み、それに対する自分の意見を論理的に説明する力が問われるのです。集団討論や面接では、論理的に考えたり、論理的に話したりする力が問われます。

そして、大学生になると、論文を読み、それらを論理的に整理し、論理的に思考して、論理的に表現する力が問われるのです。

その集大成が卒業論文なのです。

君たちが社会で活躍する頃にはＡＩ時代が本格的に到来しています。

記憶や計算はコンピューターの仕事、漢字は今でもワープロが変換してくれますし、英語を話せなくても、自動翻訳機がほぼ完璧に同時通訳をしてくれるのです。

しかし、ＡＩには読解力がありません。

深い意味を読み取ることができるのは人間だけであり、また、ＡＩを使いこなすには論理力が必要です。自動翻訳機も論理的に話さなければ誤訳をしてしまいます。

まさに論理力は生涯の武器となるものであり、それを中学生の時期に入試問題を解くことで徹底的に鍛えることができるのです。

国語の成績だけでなく、他の教科の成績も上がり、記述力が鍛えられ、将来の推薦入試での小論文や集団討論対策、そして、大学での論文の読み書き、社会で活躍するための「読む力」「話す力」「書く力」「考える力」まで獲得できるのですから、「新レベル別問題集」は画期的なシリーズだと言えるのです。

●国語の学習は「無学年制」が適している

国語の問題は基本的に「次の文章を読んで、後の問題に答えなさい」というものであり、そこでは与えられた文章を理解したかどうかが設問で問われるのです。

そして、それは中学入試問題であろうと、高校・大学入試問題であろうと一切変わることはありません。

他の教科なら、当然学年によって習得すべき学習内容は異なるのですが、国語だけは大学入試まで一貫して、日本語で書かれた文章の読解力を試しているのです。

それゆえ、国語の学習は学年にこだわらずに、自分の学力に合わせてどんどん前に進むことが望ましいのです。

だから、本シリーズはもともと高校入試を目指す中学生のために執筆したのですが、中学一・二年生の学習にも十分対応できますし、国語が苦手な高校生の学習にも適しているのです。

自学自習用の問題集として、本来、もう一つ大切なことは自分で解説を読んで理解できることです。

しかし、ほとんどの他の問題集は、実際は解説を読んでも自分一人では理解できません。本シリーズは可能な限りわかりやすく解説したので、その心配は少ないとは思いますが、自分の学力よりも難しい問題の場合はそれが困難です。その時は自分の学力にあった問題集で学習する必要があります。

だから、「レベル別問題集」を利用することが効果的なのです。

本シリーズは、大学受験対策を目指した「現代文　新レベル別問題集」と、高校受験対策を目指した「中学国語　新レベル別問題集」とに大きく分かれます。

まずは「スタートアップ編」で論理的な読み方と解き方を理解した後、自分の実力よりも一つ下のレベルから始めることをお勧めします。

本シリーズがまさに画期的だというのは、高校受験から大学受験まで、すべてに一貫した論理的な方法を導入したからです。

その結果、中学一年からでも二年からでも始めることができ、中学生の間に難関大学入試を突破する学力に達することができるし、高校生でも中学国語レベルから始めることで、苦手教科を克服することができるのです。

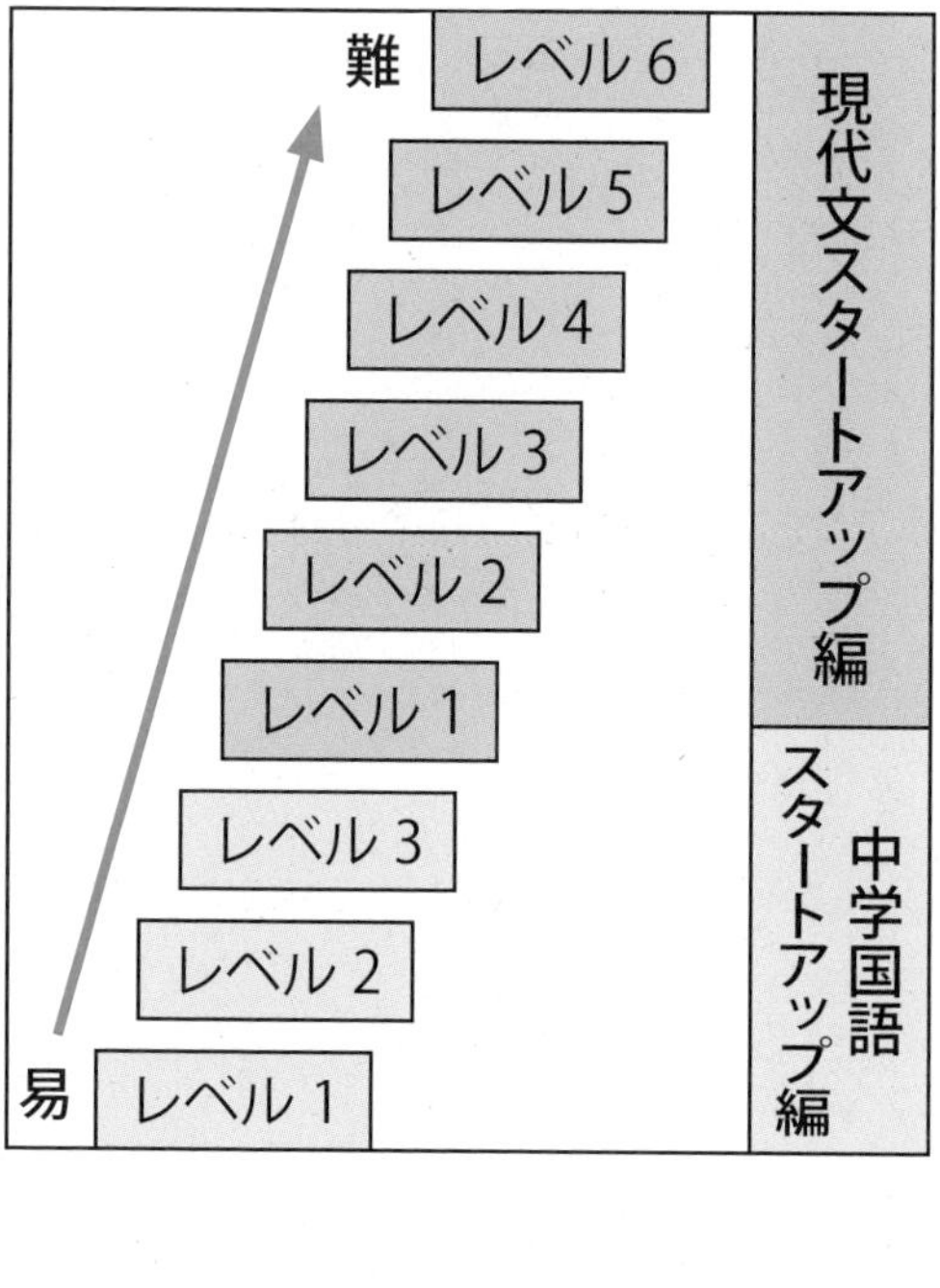

※「スタートアップ編」は論理の理論を学ぶためのものなので、問題の難易度自体は決して簡単ではありません。もし「スタートアップ編」を難しく感じるなら、いったん中断し、先にレベル1から始めるのも効果的です。

本シリーズの特長

・確実に学力がつき、しかも、知的好奇心を満たすような文章を厳選したこと。
・「中学国語　新レベル別問題集」と「現代文　新レベル別問題集」を合わせて、全十一冊、自分のレベルに合わせて学習が可能なこと。
・論理という一貫した方法を導入することで、自分の学力に合わせて学習が可能なこと。
・中学生であっても、大学受験レベルまでどんどん進むことができること。
・誰もが納得できる、しかも、わかりやすい解説を心がけたこと。
・答えではなく、答えに至るプロセスに徹底的にこだわったこと。
・新しい入試傾向に対応していること。
・国語力だけでなく、すべての教科の土台となる読解力、論理力を養成できること。
・読み取った内容を論理的に整理する力を養えるので、記述式対策や小論文対策に有効であること。
・漢字や語彙力を強化できること。

だから、最高の問題集なのです。

本シリーズによる国語の勉強法

一つ目は、正しいフォームを身につけることです。

例えば、野球でも、最初にしっかりとフォームを固めないと、安定した成績を収めることはできません。だから、初めはバッターでもピッチャーでも、時間をかけて丁寧にフォーム固めを行います。

国語ならば、論理とは何かを理解し、論理的な読み方、論理的な解き方を丁寧に理解することです。それなしに、ただ闇雲に多くの問題を解いたところで、安定して高得点を取ることは不可能です。

だから、フォーム固めの「スタートアップ編」から始めることが最も効果的なのです。

自分で問題を解いた後、じっくりと解説を読み込んでください。

自分の読み方、解き方と、著者の読み方、解き方のどこが異なるのか、それがわかれば、あなたの読み方、解き方が確実に変わっていくはずです。

最後までやり終えたなら、今度はもう一度取り組んでください。

もちろん、答えは記憶に残っているはずですから、解答を考えるのではなく、筆者がどのように読み、解いたのかを頭の中で再現してみるのです。答えがわかっていても、なぜそうなるのか説明できなかったなら、その箇所だけもう一度解説を読み込むのです。問題意識を持って解説を読むのですから、面白いように頭に入ってくるはずです。

そうやって、すべての問題を頭の中で、自分で解説できるようにしてください。

二つ目は、論理的読解や解法を習熟するということです。

野球でいうならば、試合中に打ち方や投げ方を考えているようではとても通用しません。例えば、カーブを投げるにはどのようなボールの握り方か、腕の振り方かを試合中に考えながら投げるのではなく、脳がカーブを投げると指令を出したなら、無意識のうちに体が自然と動かなければなりません。そのためにフォーム固めの後は、投げ込み練習をするのです。

国語も最初は論理を意識するのですが、問題練習を重ねる内に、自然と論理的に読み、論理的に解けるようにならなければなりません。

だから、ある程度の問題量をこなす必要があるのです。

三つ目は、初見の文章を読む訓練をすることです。

英語の読解問題集ならば、同じ問題を何度も解くことによって、問題文中の単語や熟語などを自然と記憶することができるという利点があります。

しかし、国語では記憶する必要はほとんどありません。実際、試験では初めて見る文章が出題されるのですから、むしろ、初見の文章を読むことに慣れておく必要があるのです。

逆に、同じ問題を解き続けると、初めて見る文章を自分の頭で解くことがつらくなります。

だから、レベル別問題集で、様々な問題を解き続けることが大切なのです。

国語の大原則

どんな国語の問題でも、本文の前に次のような文章があります。気がつきましたか？

「次の文章を読んで、後の問題に答えなさい」

おそらく気にもとめないで、読み飛ばしていたのではないでしょうか？

ところが、これが少なくとも国語の問題におけるたった一つのルールなのです。「次の文章を読んで、後の問題に答えなさい」という限り、問題文の中に答え、もしくはその根拠がなくてはなりません。それを探して答えなさいということなのです。

つまり、国語とは試験において、問題文にどう書いてあるかを答える教科だといえるでしょう。

国語の問題をどう解いていいのかわからないという受験生の多くは、「文章なんて人によっていろいろな読み方があるのに、なぜ先生の答えが絶対で、自分の読み方が駄目なのかわからない」と言います。

それは結局「どう書いてあるのか」を聞かれているのに、無意識のうちに「どう思うか」

を答えてしまっているからなのです。それが無意識であるために、自分でもどこでどう間違ったのか気がつかないでいるのです。

「どう思うか」は人によってそれぞれ異なります。しかし、国語の問題ではそんなことは一切聞かれていないのです。

すべての答え、根拠は問題文中にある。

これが国語の大原則です。

だから、問題文中に書かれていないことは、すべて無効です。君たちの勝手な主観や、思い込み、常識で判断しないで、本文中にどう書いてあるか、それだけを探していけばよいのです。

国語の問題は与えられた文章が理解できたかどうかを、設問で試すものですが、君たちはしょせん日本語だから特に勉強しなくても何とかなると思ってはいませんか？

実は作問者（問題制作者）は普通に読んでも理解できない文章をわざわざ選んでくるのです。

例えば、論説文は論文の文体、評論用語を使用して、筆者の主張を論証した文章ですが、君たちは日常で論文の文体を使うことに慣れていないはずです。

小説に関しては、普段は一ページ目から読み始め、読み進めるうちに次第に登場人物がどんな人間で、今どんな状況にあるのかを理解していくのですが、小説問題は長い小説の途中の一場面を切り取って出題されるのです。

その場面はいったいいつ頃のことで、主人公がどんな人物かも一切知らされずに、いきなり心情を答えていくのですから、やはり「しょせん日本語だから何とかなる」とはならないのです。

問題文の種類としては、主に論説文、小説、随筆、韻文、古典（古文、漢文）などがあるのですが、本シリーズではそれぞれの文章をどのように読み、解けばよいのかを説明していくことにします。

序　章

問題編

国語で
最も大切なこと

国語の問題を解く上で、どうしても理解しなければならないことがあります。

それが「論理の法則」と「文脈の法則」です。

では、「論理の法則」から説明していきましょう。

論理の法則I　イコールの関係

さて、論理ですが、実はこれは決して難しいものではないのです。

論理とは、同じことが繰り返されるものである。


この法則を、「イコールの関係」と言います。

正確に言えば、論理的に説明していれば、同じことの繰り返しになるし、同じことを繰り返していなければ、それは論理的とは言えないのです。実に簡単なことでしょう。

君たちの多くは論理と聞いただけで頭が痛くなるかもしれませんが、論理とは複雑なことを単純にする方法なのです。

一つの文章には無数の言葉があり、それぞれの言葉にはそれぞれの意味があります。それらを決められた時間内で理解しようとするならば、それこそ頭が痛くなります。

ところが、どんな長い文章でも、どんなにたくさんの意味が並んでいても、それがたった一つのことを繰り返しているだけだとするなら、どんなに簡単なことでしょう。私などは逆に頭を使いたくないから、論理を利用しようとするのです。

論説文が論理の文章である限り、それはたった一つのことの繰り返しなのです。

このことは君たちが普段から使っていることで、決して驚くことではありません。例えば、数学ではどうでしょう。

$$2X+2=6$$
$$2X=4$$
$$X=2$$

最後にXの値を求めることができるのは、この計算がすべてイコールで結ばれているからです。これを国語に置きかえると、同じことを形を変えて繰り返しているに過ぎないということになります。

ニュートンは、「すべての物体は引っ張り合っている」という万有引力の法則を発見しました。

「すべての物体が引っ張り合っている」とは、地球と太陽、リンゴと地面が引っ張り合っていることと同じであり、だから、地球は太陽の周りを回るし、リンゴは地面に落ちるのです。

今、「すべてのものは引っ張り合っている」をA、「地球と太陽が引っ張り合っている」「リンゴと地面（地球）が引っ張り合っている」をA'としましょう。

その時、AとA'との間には「イコールの関係」が成り立っているのですが、これは単なるイコールではありません。

このことを理解するには、抽象と具体を理解する必要があるのです。

●抽象と具体（具象）

抽象とは個々の共通点を抜き取ったもので、その対立概念が具体（具象）。

例えば、プードル、柴犬、チワワに共通するものが「犬」。

そこで「犬」が抽象であるのに対して、プードル、柴犬、チワワは具体だと言えるのです。

では「犬」が抽象かというと、犬、猫、虎、ライオンの共通するものが「動物」なので、「動物」に対しては具体だということができます。

抽象 ――→ 具体

動物 → 犬 → プードル／柴犬／チワワ

つまり、犬は動物という概念と比べると具体であり、プードルと比べると抽象的な概念だと言えます。

そういった意味では、抽象と具体という関係は相対的だと言ってもいいでしょう。

そこで、万有引力の法則の話に戻りましょう。

Ａ「すべての物体は引っ張り合っている」が抽象で、それに対して、Ａ「地球と太陽が引っ張り合っている」「リンゴと地面（地球）が引っ張り合っている」が具体だとわかるでしょうか？

地球と太陽が引っ張り合えば、太陽の方が圧倒的に重いので、地球は太陽の周囲を回るしかないし、地面（地球）とリンゴが引っ張り合ったら、リンゴの重さは地球のそれに比べると微小なものなので、リンゴが地面に落ちる（地球に引っ張られる）ということになるのです。

そして、これらはすべて抽象と具体という「イコールの関係」に過ぎないのです。

話を国語に戻すと、問題文の筆者は不特定多数の読み手に対して、どうしても伝えたいことがあるから、文章を書いたわけです。当然、問題文の要点（大切な箇所）は「筆者の主張」と言えます。

実は、「筆者の主張」は抽象なのです。

例えば、今、私がラーメンを食べようか、カレーを食べようか迷ったとします。しかし、それは私に関わる具体的な話であって、不特定多数の読み手にとってはどうでもいい話ですね。だから、これでは「筆者の主張」とは言えないのです。

それに対して、私にとって「論理とは何か」はより多くの読み手に伝えたいことなので、抽象的であり、「筆者の主張」と言えるのです。

筆者の主張＝文章の要点（抽象）

今、「戦争をしてはいけない」ということを多くの人に伝えたいと思い、「戦争はいけない。戦争はいけない。やはり戦争はいけない。」という文章を書いたとしましょう。たしかに「戦争はいけない」は抽象であり、「筆者の主張」と言えるでしょうが、こんな文章は誰も読んでくれません。

そこで、筆者自身の悲惨な戦争体験を述べた後、最後に「戦争は二度としてはいけない」としたなら、多くの読者はなるほどと納得するかもしれません。

この時、「筆者の悲惨な戦争体験」は具体であり、「筆者の主張」を裏づけるものなので、「筆者の主張」（抽象）＝「筆者の悲惨な戦争体験」（具体）と、そこには「イコールの関係」が成立するのです。そして、具体は「要点」に対する「飾り」です。

抽象度が高いほど、より多くの読者にとって大切な情報となります。実際、問題文として出題される文章は最も抽象度の高い主張を述べたものと考えていいでしょう。

A　筆者の主張＝文章の要点　（抽象）
＝
A´　筆者の体験＝飾り　（具体）

例題一

日本人は昔から自然の中に切なさを見い出していた。

自然は春夏秋冬と絶えず変化し、永遠なものなど何一つとしてない。芽が出て、すくすくと育ち、つぼみがふくらみ、やがて花が咲き、花は散って花びらが地に落ちる。

花は永遠の命を持たないからこそはかなく、そして、美しい。

私たちはその一瞬の命を愛《いと》おしんだのだ。

夏の夜空に打ち上げられた花火は、大きく花開いた後、さっと散っていく。私たちがそれを切ないと思うのは、桜が昔の人に「桜は散るからこそ美しけれ」と詠《うた》われたことと通じ合っている。

問　筆者は自分の主張を伝えようと、どんな具体例を挙げたのか。二つ答えなさい。

冒頭の「日本人は昔から自然の中に切なさを見い出していた」が「筆者の主張」で、それを不特定多数の読み手に伝えようと、筆者は二つの具体例を挙げています。打ち上げ花火と桜の例ですね。

A　筆者の主張（抽象）…日本人は自然の中に切なさを見い出していた
＝
A´　具体例　…打ち上げ花火・桜

この文章の要点は「筆者の主張」であって、後はそれを説明するための飾りに過ぎません。言葉の数だけ意味があるのですが、その意味を同じ比重で頭に入れるから、頭の中がごちゃごちゃになるのです。

要点だけを読み取ることで、頭の中はいつでもスッキリ整理されます。そのためには抽象と具体を絶えず意識して、抽象的な箇所に線を引きながら読んでいきましょう。

答え　打ち上げ花火・桜

筆者は自分の主張を裏づけるために、その証拠となる具体例や、身近な体験（エピソード）を挙げるのですが、この時、「筆者の主張」＝「具体例・体験」と、「イコールの関係」が成り立ちました。そして、「筆者の主張」が抽象ならば、「具体例・体験」は具体となります。

筆者の主張と「イコールの関係」にあるものには、「具体例」「体験」以外に、「引用」があります。次の例題を解いてみてください。

例題二

人生にはよい時もあれば悪い時もある。山あり谷あり、それが人生だ。私は自分がどん底の時、いつも「人間万事塞翁《さいおう》が馬」という言葉を思い出すようにしている。中国に住む老人の馬が逃げてしまったことに端を発した故事で、幸せが不幸に、不幸が幸せにいつ転じるかわからないという意味だ。

不思議なもので、幸せな時にはこの言葉を思い出さないが、どうしようもなくつらい時にはこの言葉がふと脳裏に浮かんでくる。

問　文章中から筆者の主張と引用箇所を抜き出しなさい。

もう一つの「イコールの関係」に「引用」があります。

筆者がなぜ著名人の文章や慣用表現を引用するのかというと、自分の主張と同じだから引用するのであって、それと無関係な文章を突然引用することはありません。

たとえば夏目漱石の文章を引用するということは、漱石を味方にすることですから、これほど説得力のあることはありません。

当然、「筆者の主張」と「引用」との間には「イコールの関係」が成り立ちます。

答え　（主張）人生よい時もあれば悪い時もある　（引用）人間万事塞翁が馬

ここまでをまとめると、

A　筆者の主張（抽象）
＝
A´　具体例・体験・引用（具体）

という「イコールの関係」が成り立つのです。


最後にもう一つの「イコールの関係」を紹介しましょう。

筆者の伝えたいことは抽象的なことでしたね。

環境問題とか、文化論とか言語論とか、抽象的なものは明確な形を持ちませんし、当然、目には見えません。

特に、小説や韻文などは、言葉では言い表しにくい心の機微を表現します。

そこで「理屈はわかるけど、何かピンと来ないな」と思ったりします。

そのような場合、目に見えない、形のないものを身近なものに置きかえると、なんだかわかったような気になるものです。

それを「比喩（たとえる）」と言います。

例えば、真っ赤なほおをリンゴに置きかえると、その赤さが身近なものとして実感できるのです。

比喩はいったん別のものに置きかえる点において、具体例や体験とは異なるのですが、「イコールの関係」であることに変わりません。

そこで、″A という記号で表すことにします。

A 筆者の伝えたいこと
＝
″A 比喩

という「イコールの関係」が成立します。

例題三

はてしなき議論の後の
冷めたるココアのひと匙《さじ》を啜《すす》りて、
そのうすにがき舌触りに
われは知る、テロリストの
かなしき、かなしき心を

石川啄木「ココアのひと匙」

問 この詩の中で、「イコールの関係」を指摘しなさい。

石川啄木は軍国主義の時代に生きてきた人なので、戦争に反対し、弾圧される共産主義者たちには同情的でした。

私たちはテロリストと聞くと、無条件で「悪」と決めつけるのですが、誰も人を殺したり、自ら命を絶ったりしたくはありません。

愛する家族がいる中で、テロを実行するしかない、どうしようもない状況に置かれていたわけで、そうしたテロリストの気持ちは言葉で説明することなどおそらくは不可能でしよう。

もちろん、テロは許すことのできない行為ですが、啄木はそうせざるを得なかったテロリストの「かなしき心」を「冷めたるココア」の後味悪い舌触りにたとえているのです。

答え ひと匙の冷めたるココアの舌触り＝テロリストのかなしき心

論理の法則Ⅱ 対立関係

論理的に説明しようとすれば、おのずと「筆者の主張」は形を変えて繰り返されることになります。

この法則を利用すれば、どんなに難解で、長文であっても、確実に要点を読み取ることができます。

難解な文章も、長文も、A´「具体例・体験」で膨れあがっているだけで、結局はA「筆者の主張」の繰り返しに過ぎないのですから。

「イコールの関係」以外にも、大切な論理的な関係があります。

筆者の主張を明確にしたいとき、それと反対のものを持ち出すことでわかりやすくすることができます。

それを「対立関係（二項対立）」と言います。

例えば、日本について論じたければ西洋を、現代について論じたければ過去を持ち出すことによって、「筆者の主張」が明確になるのです。大切なことはあくまで日本や現代についてであって、西洋や過去は主張を明確にするために持ち出されたものに過ぎません。

A　筆者の主張
↕
B　筆者の主張と対立するもの

例題四

日本の庭園は、人為の限りを尽くした果てに未完成のまま放置し、後は自然に任せてしまう。やがて、苔《こけ》むし、自然の力によって完成する。

それに対して、西洋の庭園はすべてが人為によって完成される。最初に設計図を書き、噴水、ベンチ、花壇と、人の手によってそれらが配置され、花壇の中には見栄えがよくなるように花が植えられる。

そこに、自然の命を尊ぶ日本人の芸術観と、人の手によって完成させる西洋の芸術観との違いがある。

問 何と何が対比され、何をその具体例として挙げているか。

人為とは人の力で何かを行うこと。

日本の庭園は自然が完成させるのに対して、西洋の庭園は最初から最後まで人間の手によって完成させようとする。

こうした庭園を例に、日本と西洋の芸術観の違いを述べた文章です。

答え （対比）日本と西洋の芸術観 （具体例）庭園

論理とは決して難しいものではなく、言葉と同時に生まれたのです。

例えば、原始時代、「男」という言葉がなかったときは、A君、B君、C君と、それぞれ個別に捉えるほかなかったのです。

ところが、「男」という言葉を初めて使った瞬間に、私たちはA君、B君、C君の共通点を抜き取りました。それを抽象というのですが、その結果、具体から抽象と、「イコールの関係」が生まれました。

A君、B君、C君　（具体）
＝　イコールの関係
男　（抽象）

では、なぜ「男」という言葉を必要としたのかというと、「女」を意識したからです。そうでなければ、「人間」という言葉で十分だったのですから。

そこで、「男」に対して、「女」と「対立関係」が生まれました。

男 ⟷ 女
対立関係

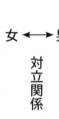

つまり、「男」という言葉が生まれたと同時に、「イコールの関係」と、「対立関係」が生まれたわけです。

人類がまだお互いに交流する手段を持たない頃から、世界各地のどの民族もおそらく「男」と「女」に対応する言語を持っていたということは、論理はまさに人類共通の世界の整理の仕方だったのです。

男と女だけではなく、空と海、空と大地、動物（＝犬、猫、馬）と植物（＝サボテン、ひまわり、へちま）、好き（＝ゲーム、まんが）と嫌い（＝宿題、そうじ）など、私たちは様々な情報を「イコールの関係」と「対立関係」で整理し、その中で初めて人間として暮らすことができたのです。

論理の法則Ⅲ　因果関係

論理の三つ目の法則は「因果関係」です。「因果関係」とは原因（理由）と結果との関係です。私たちは物事には必ず原因があると考えます。

雨が降るのにも原因があるし、腹を立てるのにも原因があるのです。理由もなく怒ってばかりいると、周囲の人から理解されなくなりますね。

また原因が判明すると、解決方法を考えることができます。病気でもその原因がわかれば治療法を確立できますが、原因不明の病気ほど不安をかき立てられるものはありません。だから、「筆者の主張」には必ず理由が述べられます。また傍線部の問題では、理由を問われるものが多く出題されるのです。

因果関係を表す方法として、次の二通りがあります。

① 雨が降った。(理由) だから、傘をさした。(結果)

② 傘をさした。(結果) なぜなら、雨が降ったからだ。(理由)

①の場合は、「だから」の前が理由であり、②の場合は「なぜなら」の後に理由がきます。「なぜなら」の後に理由がくるのは受験生ならば知っていることなので、出題されることは少ないのですが、「だから」「したがって」などの前に理由がくることは、ほとんどの受験生は理解していません。そこで、①の場合がよく出題されます。

「だから」「したがって」「そこで」などの接続語は文法的には順接になるのですが、本シリーズでは因果関係を示す接続語として扱っていきます。

理由を問う問題の場合は、「だから」「したがって」「そこで」などの接続語の前が該当箇所です。

また論理的に理解したり、記述式問題で説明したりする時は、原因（理由）↓結果と、因果関係を整理すると解決することができます。

文脈の法則

言葉の規則を考える時、論理と並んでもう一つ大切なことがあります。それが「文脈」です。

「論理」とは、同じことの繰り返し、つまり、「イコールの関係」で結ばれていることだと、すでに説明しましたね。

例えば、算数の文章題で「犬が二匹、猫が三匹で合わせていくつ?」というのは「具体」であり、それを「2+3=?」と言い換えたのは「抽象化」と言えるのです。

そういった意味では、国語は数学と最も似ている教科なのです。(記憶すべきことが少ないことも共通です。)

それなのに、君たちの多くは、国語はセンスや感覚で解くもので、数学とは最も性質が異なるものだと思っているかもしれません。本来とまったく異なる考え方で文章を読んでいたなら、どれだけ努力しても成績がなかなか上がらないのは、考えてみれば当たり前のことですね。

数学も国語もどちらも論理の教科です。ただ論理を表現する言語がそれぞれ異なっているだけです。そして、何より大切なのは、この言語の性質の違いなのです。

数学の言葉は数字や記号ですが、これらは誰が使っても1は1、10は10、+は+であり、それらの意味が人によって変化することはありません。そういった意味では動くことのない「動かない言葉」と言えるでしょう。

それに対して、国語の言葉は「動く言葉」です。

言葉は筆者の感覚やその時の状況により、様々な意味に揺れ動きます。

筆者は筆者の感覚で言葉を使い、読者は読者の感覚でそれを受け取るので、そこにズレが生じ、文中の言葉は様々な意味を持つという印象を持ってしまったのではないでしょうか。

ところが、ここに大きな落とし穴があるのです。

たしかに国語の言葉は自由に揺れ動きますが、君たちが国語で読むのは宙に浮いた言葉ではなく、あくまで文中の言葉なのです。そして、

文中の言葉は一つの意味しか持ち得ない。

これが国語の鉄則なのです。

文中の言葉が読者の感覚によって様々な意味になるのなら、英語や古文において、「傍線部を訳しなさい」といった設問は成立しなくなります。答えが一つだからこそ、採点が可能になるのです。

今、横に糸を通された球が上下に揺れ動くとします。

たとえ、どんなに激しく揺れ動いていても、糸の両端を強く引っ張れば、球は止まります。

この両端を引っ張る力が「文脈」なのです。

一つの言葉は前の文とも後の文とも無関係ではありません。（もし、無関係な文章が次にくるならば、必ず「さて」「ところで」のような「話題の転換」を表す言葉がきます。）

そこで、言葉はその前後関係から、たった一つの意味に限定できるのです。

例題五

いみじく心もとなく、ゆかしくおぼゆるままに、
この源氏の物語、一の巻よりして
みな見せ給へと、心の中に祈る

「更級日記」

問　「ゆかしく」は心がひかれるという意味ですが、傍線部の「ゆかしく」は次のどの意味ですか。

ア　聞きたい　**イ**　知りたい　**ウ**　読みたい

たとえ「ゆかしく」の古語の意味を記憶していたところで、この問題の答えを出すことはできません。しかも、古語の意味は時代によって変化するのですから、文脈力がなければ読解することができないのです。

この場合は、「源氏の物語」「見せ給へ」とあるのですから、「ゆかしく」は「読みたい」の意味だとわかります。「おぼゆ」は「思う」のことですね。

「更級日記」の作者は少女時代に源氏物語を全巻読みたいと、祈るように思っていたのです。

答え ウ

傍線部、空所の前後は必ずチェックしましょう。

それが文脈を押さえる具体的な作業です。

その際、指示語、接続語は必ずチェックするようにしてください。指示語、接続語は揺れ動く球を糸の両端から引っ張る最も強い力なのです。

文脈の法則

- 傍線部・空所の前後は必ずチェック。
- その前後に指示語・接続語があれば、特にチェック。

私は問題文を読んでいると、指示語、接続語だけが浮き上がって見えることがあります。なぜなら、他の言葉がすべて「動く言葉」であるのに対して、指示語、接続語だけは意味が変化しない「動かない言葉」だからです。

だから、これらは問題を解く際に、本当に頼りになる文法的根拠になるわけです。

例題六

猫は数日前からけだるそうな様子で、ほとんど動こうとしなかった。病気でこのまま死んでいくのだろうか。それとも、やがて回復して、元のように元気になることができるのだろうか。

ある時、猫の瞳にちかっと青い稲妻が光るのを見た。しかし、次の瞬間、猫は元気そうにむくっと起き出した。

問 傍線部「青い稲妻が光る」とあるが、筆者は病気の猫に何を感じたのか。
ア 助かるという予感　**イ** 死ぬという予感　**ウ** 怒り出すという予感

傍線部「青い稲妻が光る」は比喩（隠喩）表現ですが、これがどのような予感を表したのかを問うものです。

傍線部だけを見ると、そこからはプラス（この場合は、猫が助かること）にも、マイナス（猫が死ぬこと）にも両方に読み取れて、意見が分かれるかもしれません。

傍線部直後に「むくっと起き出した」から、「助かる予感」と答えた人もいるかもしれませんが、死ぬ前にむくっと起き出すことだってないわけではありません。

そこで、傍線部直後の「しかし」に着目します。

「しかし」は逆接の接続語なので、その前後で反対の内容が書かれているはずです。直後は「元気そうに」なので、傍線部の「青い稲妻が光る」はそれと逆の内容でなければいけません。

だから、「青い稲妻が光る」は「元気そうに」と反対の内容である、「死ぬという予感」を表現したものだとわかります。

答え イ

これで国語の問題を解く上での最低限の法則を説明しました。

このことを頭に置いて、「論説文」「小説」「随筆」「韻文」「古文」「漢文」と、様々な問題を解いていきましょう。

もちろん「しょせん日本語だから」という大雑把な読み方では何ともならない文章ばかりが登場します。

第1章

問題編

論説文

論説文の読解法

論説文とは、筆者の主張を論理的に説明した文章のことを指します。

論理とは筋道のことでした。筋道を立てて話すとか、筋の通った文章とか、聞いたことがあると思います。

筆者は自分の主張を誰だかわからない読み手に、筋道を立てて説明しようとします。そこで、君たちは筆者の立てた筋道をあるがまま読み取っていけばいいのです。それが論理的な読解であって、それ以外の読み方などどこにもないのです。それができないのは、筆者の立てた筋道（論理）を無視して、自分勝手に読んでいるからなのです。

もう一つ大切なことを話しましょう。

国語は制限時間内に各設問に答えていかなければなりません。設問は問題文を理解しているかどうかを試すものなので、答えは問題文中にあるはずです。それなのに高得点を獲得できないのには、二つの理由があります。

すでに説明したように、長い文章の要点をしっかりと読み取ることができないのが、その理由の一つです。論説文は筆者の主張を具体例や体験などで論理的に説明した文章でしたね。「筆者の主張」が抽象、具体例や体験が具体でした。このように抽象と具体とを意識すると、自然と要点となる箇所が浮き彫りにされていくので、そこに線を引きましょう。

もう一つの理由は、要点と要点との論理的な関係が理解できていないことです。特に「対立関係」「因果関係」を意識すると、頭の中で論理的に整理することが可能になります。

では、論理を意識して論説文を読んでいきましょう。

稲垣栄洋『植物はなぜ動かないのか　弱くて強い植物のはなし』

学習日　月　日

目標タイム　25分

解答・解説▶P.4

次の文章を読んで後の問題に答えなさい。

1　オオバコという雑草は、踏まれに強い構造を持っている。

2　オオバコの葉は、とても柔らかい。硬い葉は、踏まれた衝撃で傷つきやすいが、オオバコは、柔らかい葉で衝撃を吸収するようになっているのである。しかし、柔らかいだけの葉では、踏まれたときにちぎれてしまう。そこで、オオバコは葉の中に硬い筋を持っている。また、茎は、葉とは逆に外側が硬くなかなか切れない。しかし、茎の内側は柔らかいスポンジ状になっていて、とても（　Ａ　）である。このように、柔らかさと硬さを併せ持っているところが、オオバコが踏まれに強い秘密である。

3　オオバコのすごいところは、踏まれに対して強いというだけではない。オオバコの種子は、雨などの水に濡《ぬ》れると、ゼリー状の粘着液を出して膨張する。そして、人間の靴や動物の足にくっついて、種子が運ばれるようになっているのである。タンポポが風に乗せ

1　稲垣栄洋『植物はなぜ動かないのか　弱くて強い植物のはなし』

て種子を運ぶように、オオバコは踏まれることで種子を運ぶのである。よく、道に沿ってどこまでもオオバコが生えている様子を見かけるが、それは、種子が車のタイヤなどについて広がっているからなのだ。こうなると、オオバコにとって踏まれることは、耐えることでも克服すべきことでもない。もはや踏まれないと困るくらいまでに、踏まれることを利用しているのである。

4　「逆境をプラスに変える」というと、「物事をよい方向に考えよう」という*ポジティブシンキングを思い出す人もいるかもしれない。しかし、雑草の戦略は、そんな気休めのものではない。雑草は、具体的な形で逆境を利用して、成功するのである。

5　たとえば、雑草が生えるような場所は、よく草刈りをされ、耕される。普通に考えれば、草刈りや*耕起は、植物にとっては生存が危ぶまれるような①大事件である。しかし、雑草は違う。草刈りや耕起をして、茎がちぎれちぎれに切断されてしまうと、ちぎれた断片の一つ一つが根を出し、新たな芽を出して再生する。（　B　）、ちぎれちぎれになったことによって、雑草は増えるのである。

6　また、きれいに草むしりをしたつもりでも、しばらくすると、一斉に雑草が芽を出してくることもある。一般に種子は、暗いところで発芽をする性質を持っているものが多いが、雑草の種子は、光が当たると芽を出しはじめるものが多い。草むしりをして、土がひっくり返されると、土の中に光が差し込む。光が当たるということは、ライバルとなる他の雑草が取り除かれたという合図でもある。そのため、地面の下の雑草の種子は、チャンス到来とばかりに、我先にと芽を出しはじめるのである。こうして、きれいに草むしりをしたと思っても、②それを合図にたくさんの雑草の種子が芽を出して、結果的に雑草が増えてしまうのである。

7 草刈りや草むしりは、雑草を除去するための作業だから、雑草の生存にとっては逆境だが、雑草はそれを逆手に取って、増殖するのである。

8「ピンチはチャンス」という言葉がある。③逆境を逆手に取って利用する雑草の成功を見れば、その言葉は説得力を持って私たちに響いてくることだろう。

9 生きていく限り、全ての生命は、何度となく困難な逆境に直面する。雑草は自らが逆境の多い場所を選択した植物である。しかし、逆境の全くない環境などあるのだろうか。雑草がこれだけ広くはびこっている様子を見れば、自然界は逆境であふれていることがわかるだろう。

10 逆境に生きるのは雑草ばかりではない。私たちの人生にも、逆境に出くわす場面は無数にある。そんなとき、私たちは、道端にひっそりと花をつける雑草の姿に、④自らの人生を照らし合わせて*センチメンタルになるかもしれない。しかし、雑草は逆境にこそ生

1　稲垣栄洋『植物はなぜ動かないのか　弱くて強い植物のはなし』

きる道を選んだ植物である。そして、逆境に生きる知恵を進化させた植物である。決してしおれそうになりながら耐えているわけでもなく、歯を食いしばって頑張っているのでもない。雑草の生き方は、もっとたくましく、（　C　）なのである。

11 逆境を敵ではなく、味方にしてしまう。これこそが、雑草の成功戦略の真骨頂と言えるだろう。幾多の逆境を乗り越えて、雑草は、生存の知恵を獲得して驚異的な進化を成し遂げた。逆境こそが彼らを強くしたのである。

12 逆境によって強くなれるのは雑草ばかりではない。私たちもまた、逆境を恐れないことできっと強くなれるはずなのである。ピンチはチャンス。ゆめゆめ逆境を恐れてはいけないのだ。

（稲垣栄洋『植物はなぜ動かないのか　弱くて強い植物のはなし』）

＊ポジティブシンキング…積極的な考え方をすること。
＊耕起…土を掘り起こして耕すこと。
＊センチメンタル…感傷的。

問一　――①「大事件である」を述部とする一文の、主部にあたる二文節を、本文中からそのまま抜き出して書きなさい。

4点

問二　（　A　）・（　C　）にそれぞれ当てはまる言葉の組み合わせとして、最も適切なものを次の**ア**～**エ**の中から一つ選び、その記号を書きなさい。

ア　A　しなやか　C　したたか　　**イ**　A　こまやか　C　ふくよか

ウ　A　たおやか　C　しとやか　　**エ**　A　あでやか　C　おおらか

3点

問三　（　B　）に当てはまる最も適切な言葉を次の**ア**～**エ**の中から一つ選び、その記号を書きなさい。

ア　それとも　　**イ**　ところが　　**ウ**　つまり　　**エ**　ただし

3点

問四　――②「それを合図にたくさんの雑草の種子が芽を出して」とあるが、雑草が芽を出すのは、その種子にどのような性質があるからか。最も適切な言葉を、段落6の文中から十字以上、十五字以内で「～という性質。」に続くように抜き出して書きなさい。

という性質。

7点

問五 ――③「逆境を逆手に取って利用する雑草の成功」とあるが、オオバコの成功について本文の趣旨に添って説明した次の文章の（ a ）・（ b ）に当てはまる適切な言葉を書きなさい。ただし、（ a ）は、段落[1]～[3]の文中の言葉を使って、四十字以上、五十字以内で書くこと。また、（ b ）は、段落[6]～[9]の文中から最も適切な言葉を四字で抜き出して書きなさい。

オオバコは、葉や茎が踏まれに強い構造になっているだけでなく、（ a ）ようになっている。このようにして、踏まれるという逆境をうまく利用し、（ b ）ことがオオバコにとっての成功である。

a

9点

b

5点

問六　――④「自らの人生を照らし合わせてセンチメンタルになるかもしれない」とあるが、「私たち」は、雑草をどのようなものとして捉えた場合にセンチメンタルになるのか。このことについて、本文の趣旨に添ってまとめた次の表の（ａ）・（ｂ）に当てはまる最も適切な言葉を、段落[7]〜[12]の文中から、（ａ）は十六字で、（ｂ）は十四字で、それぞれ抜き出して書きなさい。

雑草を、（ａ）ものとして捉える。 雑草を、（ｂ）ものとして捉える。	↓ 雑草の姿に自らの人生を照らし合わせて、センチメンタルになる。

［逆境に出くわしたとき］

a（16字）6点

b（14字）6点

問七　本文全体の中で、段落[1]～[3]や、段落[5]・[6]が果たす役割について述べた次の文の（　）に当てはまる最も適切な言葉を、段落[9]～[12]の文中から二十二字で抜き出して書きなさい。

「雑草が、逆境の中で、（　　　）」ということを述べるために、その根拠となる例を示す役割。

7点

得点　50点
目標得点 35点

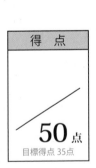

1 稲垣栄洋『植物はなぜ動かないのか　弱くて強い植物のはなし』

高階秀爾

『日本人にとって美しさとは何か』

学習日　　月　　日

目標タイム
25分

解答・解説▶P.20

次の文章を読んで後の問題に答えなさい。

1　西欧世界においては、古代のギリシャ以来、「美」はある明確な秩序を持ったもののなかに表現されるという考え方が強い。その秩序とは、左右相称性であったり、部分と全体との比例関係であったり、（　A　）基本的な幾何学形態との類縁性など、内容はさまざまであるが、いずれにしても客観的な原理に基づく秩序が美を生み出すという点においては一貫している。逆に言えば、そのような原理に基づいて作品を制作すれば、①それは「美」を表現したものとなる。

2　典型的な例は、現在でもしばしば話題となる八頭身の美学であろう。人間の頭部と身長が一対八の比例関係にあるとき最も美しいという考え方は、紀元前四世紀のギリシャにおいて成立した美の原理である。ギリシャ人たちは、このような原理を「カノン（規準）」と呼んだ。「カノン」の中身は場合によっては変わり得る。現に紀元前五世紀においては、

2 高階秀爾『日本人にとって美しさとは何か』

優美な八頭身よりも荘重な七頭身が規準とされた。だが七頭身にせよ八頭身にせよ、何かある原理が美を生み出すという思想は変わらない。ギリシャ彫刻の持つ魅力は、この美学に由来するところが大きい。

3 もっとも、この時期の彫刻作品はほとんど失われてしまって残っていない。残されたのは大部分ローマ時代のコピーである。しかししばしば不完全なそれらの模刻作品を通して、かなりの程度まで原作の姿をうかがうことができるのは、美の原理である「カノン」がそこに実現されているからにほかならない。原理に基づいて制作されている以上、彫刻作品そのものがまさしく「美」を表すものとなるのである。

4 だがこのような□という考え方は、日本人の美意識のなかではそれほど大きな場所を占めているようには思われない。日本人は、遠い昔から、何が美であるかということよりも、むしろどのような場合に美が生まれるかということにその感性を働かせて来たようである。それは「実体の美」に対して、「状況の美」とでも呼んだらよいであろうか。

5 例えば、「古池や蛙《かわず》飛びこむ水の音」という一句は、「古池」や「蛙」が美しいと言っているわけではなく、もちろん「水の音」が妙音だと主張しているのでもない。ただ古い池に蛙が飛びこんだその一瞬、そこに生じる緊張感を孕《はら》んだ深い静寂の世界に芭蕉はそれまでにない新しい美を見出《みいだ》した。そこには何の実体物もなく、あるのはただ状況だけなのである。

6 日本人のこのような美意識を最もよく示す例の一つは、「春は曙《あけぼの》、やうやうしろくなりゆく山ぎはすこしあかりて……」という文章で知られる『枕草子』冒頭の段であろう。これは春夏秋冬それぞれの季節の最も美しい姿を鋭敏な感覚で捉えた、いわば模範的な「状況の美」の世界である。（ B ）春ならば夜明け、夏は夜、そして秋は夕暮《ゆうぐれ》というわけだが、その秋について、清少納言は次のように述べている。

秋は夕暮。夕日のさして山の端《は》いと近うなりたるに、烏《からす》の寝どころへ行くとて、三つ四つ二つ三つなど、飛びいそぐさへあはれなり。まいて雁《かり》などのつらねたるがいとちひさく見ゆるは、いとをかし……。

7 これはまさしく「夕焼けの空に小鳥たちがぱあっと飛び立っているところ」という*あの現代人の美意識にそのままつながる感覚と言ってよいであろう。日本人の感性は、千年の時を隔ててもなお変わらずに生き続けている。

8 「実体の美」は、そのもの自体が美を表しているのだから、状況がどう変わろうと、いつでも、どこでも「美」であり得る。《ミロのヴィーナス》は、紀元前一世紀にギリシャの植民地であった地中海のある島で造られたが、二一世紀の今日、パリのルーヴル美術館に並べられていてもその美しさに変わりはない。仮に砂漠のなかにぽつんと置かれても、

2　高階秀爾『日本人にとって美しさとは何か』

同じように「美」を主張するであろう。だが「状況の美」は、状況が変われば当然消えてしまう。春の曙や秋の夕暮れの美しさは、長くは続かない。状況の美に敏感に反応する日本人は、それゆえにまた、美とは＊万《ばん》古《こ》不《ふ》易《えき》のものではなく、②うつろいやすいもの、はかないものという感覚を育てて来た。うつろいやすいものであるがゆえに、いっそう貴重で、いっそう愛すべきものという感覚である。日本人が、春の花見、秋の月見などの季節ごとの美の鑑賞を、年中行事として特に好んで今でも繰り返しているのも、そのためであろう。

（高階秀爾『日本人にとって美しさとは何か』）

＊あの現代人の美意識…本文の前で、現代人の美意識について述べられている部分がある。
＊万古不易…永久に変わらないこと。

問一 （ A ）・（ B ）に当てはまる語の組み合わせとして、最も適切なものを次のア〜エの中から一つ選び、その記号を書きなさい。

ア　A　または　B　それとも
イ　A　そのうえ　B　むしろ
ウ　A　しかし　B　だから
エ　A　あるいは　B　すなわち

6点

問二 ——①「それ」とは何を指すか。二十字以内で書きなさい。

10点

問三 □に当てはまる語句として、最も適切なものを次のア〜エの中から一つ選び、その記号を書きなさい。

ア　ギリシャ美術を至上とする
イ　実体物として美を捉える

ウ　本物よりもコピーが美しい
エ　美は曖昧で感覚的なもの

□ 6点

問四　段落の関係を説明したものとして、最も適切なものを次の**ア**〜**エ**の中から一つ選び、その記号を書きなさい。
ア　段落③は、段落②で挙げた例の補足説明をしている。
イ　段落④は、段落③までに述べた事実を否定している。
ウ　段落⑤は、段落④で述べた説の問題点を指摘している。
エ　段落⑥は、段落⑤の内容とは対照的な例を示している。

□ 6点

問五　――②「うつろいやすいもの、はかないものという感覚」とあるが、日本人が美に対してこのような感覚をもつのはなぜか。その理由について説明した次の文章の（ａ）・（ｂ）に入る語句を、本文中から（ａ）は二十字、（ｂ）は七字で抜き出して書きなさい。

> 日本人は、（ａ）に敏感に反応する。そして、そのような日本人の感性により見出された美は（ｂ）ものだから。

a（8点）

b（6点）

問六 本文の内容に合うものとして、最も適切なものを次の**ア**〜**エ**の中から一つ選び、その記号を書きなさい。

ア 古代ギリシャで成立した「カノン」は、地域の状況に応じ中身を変えながら世界中に広がった。

イ 芭蕉の詠《よ》んだ「古池や」という句は、小さな蛙そのものの美しさを新たに見出したものである。

ウ 『枕草子』冒頭の段に見られる美意識は、現代の日本人にも変わることなく受け継がれている。

エ 砂漠に置かれても美を失わない《ミロのヴィーナス》は、西欧の彫刻作品の中でも異質である。

2 高階秀爾『日本人にとって美しさとは何か』

得　点
／50点
目標得点 35点

8点

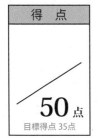

● 問題提起とエピソードの役割

今井むつみ『ことばの発達の謎を解く』

学習日　月　日

目標タイム 25分

解答・解説 ▶ P.32

次の文章を読んで後の問題に答えなさい。

この文章に出てくる「ヘレン・ケラー（1880〜1968）」は、アメリカの教育家、社会福祉活動家。一歳七か月の時に病気が原因で、目が見えない、耳が聞こえない、言葉を話すことができない、という状態になる。六歳の時に家庭教師として迎えたサリバン先生から「指文字」（手のひらに指で書いた文字）という方法によって言葉の存在を教えられたヘレンは、のちにたくさんの本を書き、世界中で講演活動を行った。

目に見えない、あるいは手に触れることのできない抽象的な概念を指すことばの意味——例えば「愛」とか「敬意」といったことばの意味——を、子どもはどのように理解することができるのでしょうか。ここでヘレン・ケラーに登場してもらいましょう。ヘレンは、自叙伝の中で「愛」ということばの意味を理解した時のことを述べています。

3　今井むつみ『ことばの発達の謎を解く』

ある朝、サリバン先生は「ヘレンのことを愛しているわ」と綴《つづ》りました。ヘレンは「愛って何？」と尋ねます。サリバン先生はヘレンを引き寄せ、彼女の胸を指さして言いました。

「ここにあるわ」

①しかし、ヘレンはこの答えにひどく戸惑いました。「愛って、花のいい香りのこと？」「太陽の暖かい日差しのこと？」ヘレンは次々に聞いていきますが、サリバン先生は首を振り続けます。なぜ、サリバン先生は「愛」を具体的に示してくれないのだろう、とヘレンはがっかりしながら考えていました。ヘレンは、この時にはまだ、手に触れられない、抽象的なものも名前を持ち、ことばで表現できるのだということを知らなかったのです。

ヘレンは、さらに、「愛」の意味を考え続けました。サリバン先生は指文字を綴って説明します。

「雲にさわることはできないでしょう？　それでも雨が降ってくるのはわかるし、暑い日には、花も乾いた大地も雨を喜んでいるのがわかるでしょう？　それと愛は同じなのよ。愛も手で触れることはできません。だけど、愛がⅰソソがれる時のやさしさを感じることはできます。愛があるから、喜びがⅱ湧いてくるし、遊びたい気持ちも起きるのよ」

ヘレンは書いています。「その瞬間、美しい真理が、私のⅲノウリにひらめいた――私の心とほかの人の心は、見えない糸で結ばれているのだ、と」。ヘレンは「愛」ということばを一生懸命考え、理解したことで、言語は、抽象的な概念にも名前をつけることができるのだということを知りました。これは、「モノには名前があり、ことばはモノの名前だ」という洞察に次ぐ、第二の洞察を彼女に与えたはずです。ことばは、直接経験できるモノに名前を与えるだけではありません。目に見えない抽象的な概念に名前を与えることは、直接的な感覚経験を超えた抽象的な思考に子どもを導いてくれるのです。

#抽象的なことばの意味の理解を可能にするのもまた、ことばです。②みなさんも、知らないことばがあったら辞書を引きますよね。辞書はあることばを別のことばで記述しています。説明に使っていることばをすでに知っていて、説明が理解できれば、直接それを見たり、触ったりする経験をしなくても（あるいは直接的な感覚経験ができない抽象概念の名前でも）、新しいことばを知ることができるわけです。ことばのストック（つまり[iv]語彙）がほとんどない小さい赤ちゃんは、ことばによって新しいことばの意味を学習することはできません。でも、ことばのストックがある程度できてくれば、すでに知っていることばを使って、新しいことばを学習していくことができるのです。すでに学んだことばによって未だ知らなかったことばをどんどん新たに学習し、新しい概念を身につけていくことができる。ことばを学習するということは、思考の強力な武器を手に入れることにほかなりません。#

3　今井むつみ『ことばの発達の謎を解く』

ヘレンは「愛」ということばの意味を理解する前に、愛という気持ちを持っていなかったわけではもちろんありません。もともと「愛する」という気持ちがどういうものかがまったく理解できなければ、いくらことばで説明されても、字面《じづら》は理解できても、「ほんとうの意味」はわかるはずがありません。③「愛とはなんですか？」と聞かれたら「愛とは○○です」という定義を返すことができるようにロボットをプログラムすることは可能です。でも、定義を返せるということと、「愛」の意味がわかることは違います。

子どもは、ことばを教えられ、その意味を考えることによって、今まで整理されていなかった、漠然とした気持ちが何なのかということを考えるようになり、概念に対しての理解を深めることができるのです。

子どもは（大人もですが）絶えず、ことばの意味を、そのことばではない別のことばと対比して考えます。例えば、「愛」は「好き」とどう違うのでしょう？「愛」と「喜び」はどう違うのでしょう？ ヘレンは「愛」ということばが「理解できた」と言っています。でも、「好き」や「喜び」などの、「愛」と深く関係することばを学び、それらと「愛」がどのように違うのかを理解するまでは、「愛」ということばの意味をほんとうに理解したとはいえません。

「愛」や「喜び」などの目に見えない概念を表すことばもまた、語彙という意味のシステムの一部です。「愛」ということばの意味は「好き」や「喜び」「友情」「親しみ」「楽しさ」などの気持ちを表現することばとの関係性で決まります。これらのことばを学ぶことによって、それまで漠然として未分化だった概念が、より明確になり、整理されるのです。

④このようにして、子どもは目に見えない、手に取ることもできない抽象的な概念のことばを学び、ことばを学ぶことによってこれらの抽象概念をシステムの中で理解し、自分の一部にしていきます。

（今井むつみ『ことばの発達の謎を解く』）

3　今井むつみ『ことばの発達の謎を解く』

問一　――ⅰ～ⅳの漢字の読みを平仮名で、片仮名を漢字に直して書きなさい。

i	ii	iii	iv

8点（2点×4）

問二　――①「しかし、ヘレンはこの答えにひどく戸惑いました」とあるが、ヘレンがひどく戸惑ったのはなぜか、三十字以上、四十字以内で書きなさい。

10点

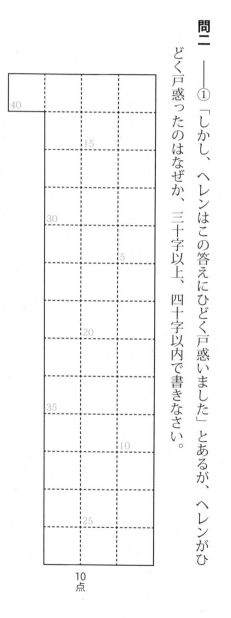

問三 ――②「みなさんも、知らないことばがあったら辞書を引きますよね」とあるが、漢和辞典を利用して、‖部「洞察」の意味を考えることにした。後に示したそれぞれの漢字の〔意味〕と、本文中でどのように使われているかをふまえて、「洞察」の意味を十字以上、二十字以内で書きなさい。

〈漢和辞典に載っていた説明〉

【洞】9画　音　ドウ　訓　ほら

〔意味〕①ほら穴　②つらぬく　③見抜く

【察】14画　音　サツ

〔意味〕①調べ考える　②わきまえる　③思いやり

6点

問四 ――③「『愛とはなんですか?』と聞かれたら『愛とは○○です』という定義を返すことができるようにロボットをプログラムすることは可能です」とあるが、「ロボット」の話はどのようなことを示すためのものか。最も適切なものを次の**ア**〜**エ**の中から一つ選び、その記号を書きなさい。

ア 現代の科学技術は、ロボットが「愛」の意味を返答できるほどの高度な発達を遂げているということ。

イ 言葉のストックをたくさん持っていればいるほど、より抽象的な思考ができるようになるということ。

ウ 「愛」の意味を尋ねた人が十分に満足できるような返答をプログラムするのは困難であるということ。

エ 抽象的な言葉を本当に理解するためには、言葉の定義を答えられるだけでは不十分であるということ。

5点

問五 ――④について、次の(1)・(2)の問いに答えなさい。

(1) 「ことばを学ぶこと」はどのようなことだと筆者は考えているか。比喩を用いて説明している箇所を、本文中の#の範囲から十六字以内で抜き出して書きなさい。

6点

(2) 子どもは「抽象的な概念のことば」をどのような過程を経て理解していくのか。「〜という過程。」に続くように四十字以上、五十字以内で書きなさい。

という過程。

10点

問六 問題文の中のヘレンの具体例はどのようなはたらきをしているか。最も適切なものを次の**ア**〜**エ**の中から一つ選び、その記号を書きなさい。

ア 今まで自分の中になかった言葉の意味を、人間はどのように身に付けるのかということを、読者に示すはたらき。

イ 同じ「愛」という言葉であっても人はそれぞれ異なった意味で理解しているということを、読者に示すはたらき。

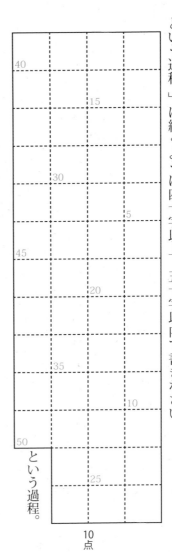

ウ　抽象概念を理解するためには、優れた指導者による的確な導きが必要であるということを、読者に示すはたらき。

エ　どんな逆境にあっても、学ぶ意欲さえあれば人間は素晴《すば》らしい力を発揮するということを、読者に示すはたらき。

5点

得点

50点

目標得点 35点

第1章
4
●現代を様々な角度から認識する

鎌田實『人間の値打ち』

目標タイム 25分

解答・解説▶P.48

次の文章を読んで後の問題に答えなさい。

今、時代は大きく変わろうとしている。急速なスピードで進化するＡＩ（人工知能）の存在は、「人間を超えていくのではないか」という一種のおそれを芽生えさせている。少し前まで「人間には勝てない」と言われていた将棋や囲碁でも、あっという間にトップ棋士がＡＩにかなわなくなった。

そんな時代にこそ、人間の値打ちが問われてくる。今以上におもしろい人間が出てくるような気がする。早過ぎることはない。今からＡＩにはできないような生き方を始めればいいのだ。優れたＡＩがつくられればつくられるほど、やさしく、想定外にあったかく、強く、破壊力のある人間クサイ人間になってやる、と自分に言い聞かせている。

今後一〇～二〇年で、事務員や秘書といったオフィスワーカーや、小売店販売員や飲食店接客係、スーパーのレジ打ち係、ビルの管理人、タクシーやトラックの運転手などの職

4　鎌田實『人間の値打ち』

業は、ＡＩも含めた機械に取って代わられていくと言われている。実際、ヒト型ロボットの接客が少しずつ導入され始めている。「人間より気をつかわなくてすむのがいい」と言うお客さんもいるようだ。

教育という「人間を育てる」場所にも、インターネットがどんどん進出してきている。アメリカの大学では、ネットを使った遠隔授業ができる大学が人気を集めつつある。キャンパスに通わなくても、世界のどこにいても、パソコンを開けばすぐに一流の授業を受けることができ、費用も従来の大学より安いとあって、学生からは好評のようだ。

効率はいいが、こうなると、教育ってなんだろう、と思ってしまう。そのうち、教室にいるのはロボット先生だけ、子どもたちはパソコンやタブレットで勉強する、ということになるかもしれない。そのとき、人間の先生は「いらない」と言われてしまうのだろうか。

興味深いことに、今のところＡＩは東大に入れないことがわかったのだという。国立情報学研究所が二〇一一年にスタートした「ロボットは東大に入れるか」プロジェクトは、東大に合格できるＡＩの開発を二〇二一年春を目標に進めてきた。東大ロボの強みは、驚異的な計算力や暗記力。（　Ａ　）、難しいのは「意味を理解する」ことだ、とプロジェクトのリーダーである新井紀子教授は言う。問題文の意味を理解できないと解けないタイプの問題については、現在の技術ではブレイクスルー（突破）できない、それがプロジェクト凍結という結論につながった。

ＡＩは、大量の情報を効率的に処理し、最適化する。技術が進めば進むほど、これからの世のなかは、効率が重視されるようになっていくだろう。だが、「意味を理解できない」ＡＩが導き出す「最適」な答えが、人間が求めるものと同じとは限らない。

極端な話、「地球環境を守るためにはどうすればいいか」という課題を与えられたら、ＡＩは「人間がいなくなること」とためらいなく答えるのではないだろうか。人間こそが、環境に負荷を与える最大の原因なのだから、ＡＩは「そんな人間に価値はない」と判断すると思う。

いいことも悪いこともする、どうしようもない失敗もしてしまう、それが人間という厄介なイキモノだ。ＡＩよりずっと効率が悪い。

それでも、覚えた「正解」以外の「別解」をいくつも見つけ出せるのは人間の強みである。人間が生きていくなかでは、合理的に解決できないことがいくらでもある。そんなとき、自由な発想でどうハードルを飛び越えるか、そこに人間の値打ちが出てくるのではないだろうか。

一見、成功した人ほど値打ちが上がるように思えるが、失敗を繰り返すプロセスがなければ成功は生まれない。と言うことは、失敗が多いことが値打ちにつながることもあるわ

4 鎌田實『人間の値打ち』

けだ。

人間は大昔から失敗をするイキモノだった。約三一八万年前にエチオピアにいたアウストラロピテクスの「ルーシー」に逢《あ》いにいってきた。エチオピア国立博物館だ。猿人なのに木から落ちていた可能性があるという。ルーシーの化石を＊ＣＴで調べると、右上腕骨が骨折しており、「落下して地面にぶつかったときに、衝撃を弱めようと腕を出して起こる圧迫骨折」の跡ではないかと推測されている。

そうであれば、人間の値打ちは失敗から始まっている、ということになる。木から落ちる失敗こそ、ホモ・サピエンスを生み出す幕開けだったのだ。

「ルーシー」が木から落ちてしまったのは、直立二足歩行をするようになったアウストラロピテクスが地上で生活することが増え、旧猿人の時代よりも木登りの能力が退化したからではないか。サルであれば手のように器用な能力があった足を、人類の祖先はあえて退化させ、その代わりに直立二足歩行をすることで両手の機能を高めた。「木から落ちる」という失敗で別の道を見出《みいだ》していったのだ。

原始時代、空いた両手を使って、人類の祖先は道具を使い出し、狩りをし、火を用いるなど肉を効率的に食べる方法を編み出して、脳を発達させていった。手を使って食べ物を運び、貯《たくわ》えた。

やがて彼らは大いなる好奇心を持ってアフリカを出て、世界中に広がるグレートジャーニーの旅を始める。そして家族をつくり、コミュニティで助けあいながら、進化を続けてきた。

だが今、人間は進化の旅の途上で途方に暮れているように見える。人間の価値が見えにくい時代だからこそ、人間クササの復興が大事。ＡＩに「いらない」と言われてしまうような人間のどこに価値があるのか、人間の値打ちを見つめ直しながら、考えていきたいと思う。

（鎌田實『人間の値打ち』）一部の文章を省略した

＊ＣＴ…放射線などを用いて、物体の断層画像を撮影する方法。

4　鎌田實『人間の値打ち』

問一　本文中の（　Ａ　）に当てはまる語句として、最も適切なものを次の**ア**～**エ**の中から一つ選び、その記号を書きなさい。

ア　だから
イ　しかも
ウ　つまり
エ　しかし

4点

問二　次の文は、――部のように筆者が考える理由について説明したものである。（　ａ　）・（　ｂ　）に適切な言葉を書きなさい。ただし、（　ａ　）は本文中から句読点を含めて十三字で抜き出し、（　ｂ　）は三十字以内の言葉を考えて書くこと。

ＡＩは、多くの情報を（　ａ　）ことが可能だが、人間が生きていくことを前提とした課題である場合でも、（　ｂ　）ことに何の迷いももたないのではないかと思われるから。

a

10点

b

12点

問三 筆者は、本文において「人間の値打ち」とは何だと考えているか。六十五字以内で書きなさい。

16点

問四　本文について説明したものとして、最も適切なものを次の**ア**〜**エ**の中から一つ選び、その記号を書きなさい。

ア　「いいのだ」、「あるわけだ」と断定的な文末表現にすることで、読み手が筆者の考えに共感できるように工夫している。

イ　「人間クサイ」や「イキモノ」などカタカナで表記することで、人工知能に対する筆者の肯定的な立場を強調している。

ウ　「東大ロボ」や「ルーシー」など複数の具体例を挙げることで、筆者の考えが説得力をもって伝わるように工夫している。

エ　「今」、「だが今」を最初と最後の段落の冒頭に用いることで、筆者の立場が一貫したものであることを強調している。

8点

得　点
50点
目標得点 30点

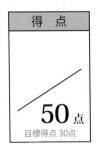

小説でも入試問題となるのには根拠がある

小説問題は、長い小説の一場面を切り取ったものです。たった一場面だけを読んで、作者の世界観とか、文学観など、そのような大きなものを読み取ることはできません。

だから問われるのはその場面で登場人物はどんな気持ちでいるのか、つまり登場人物の心情がどうなのかということなのです。

ところが、ここで大きな問題があります。

私たちはどうしても自分の気持ちから考えて、無意識に相手の気持ちを決めつけてしまいがちなのです。自分なら悲しいから、彼女も悲しいだろうとかいう具合にです。これを「感情移入」といいます。

感情移入して登場人物と一緒に悲しんだり喜んだりすることが小説を読むおもしろさでもあるのですが、それだけに人によってさまざまな解釈が生まれてしまいます。その結果、テストでは合ったり間違ったりの連続。そこで、「何だ、結局現代文はセンス・感覚なんだ」となってしまうのです。

実は、問題である限り、そこには必ず根拠があります。それを探し出し、客観的に分析するのです。感情移入する限り、いつまでたっても客観的な読解はできません。

第2章

問題編

小説

小説問題の読解法

小説問題は長い小説の一場面を切り取って作成されたものです。だから、それがいつの時代で、登場人物がどんな性格で、今がどんな状況かも一切わからないまま、問題文を読み取っていかなければなりません。

一場面だけで作者の文学観とか、世界観など大きなテーマを読み取ることはできないので、試験で問われるのは主に登場人物の心情です。ところが、登場人物を論理的に説明している場面はほとんどありません。例えば登場人物の心情が悲しみだとするなら、悲しいと一言も書かずにそれを表現するのが小説の描写なのです。そうして、そういった箇所のみが設問となるのです。そこで、君たちは文中の根拠を探して、登場人物の心情を客観的に把握しなければなりません。

小説問題は登場人物の心情を客観的に把握する。

では、小説では登場人物の心情をどのように描写するのでしょうか？

● 動作

テレビドラマを頭に思い浮かべてください。主人公が恋人の死の知らせを聞いて、突然ガチャンとコップを落とすというシーンがあったら、コップを落とすという動作で主人公がショックを受けたことを表しています。突然背中を向けたり、黙り込んだり、頬を赤らめたりと、こうした動作によって作者は感情を表す言葉が一言もなくても、登場人物の心情を描写しているのです。

例題一

小学生のグループが数人、公園で遊んでいた。外から眺めていると、一見仲良さそうに見えたが、一人の女の子だけが笑いの輪の中に入らないでいた。女の子はじっと拳を握りしめたまま、黙って突っ立っていた。他の子供たちはそんな女の子の様子に気づかず、お互いにふざけ合いながら、無邪気な笑い声を立てていた。突然、女の子は「私、帰る」と言い出した。子どもたちはその時初めて驚いたように女の子の顔を見た。

問 ――線部「女の子はじっと拳を握りしめたまま、黙って突っ立っていた」とあるが、この時の女の子の心情を示す根拠を二つ抜き出しなさい。

答え 笑いの輪の中に入らない・「私、帰る」と言い出した

●セリフ

登場人物が悲しい時、「私、悲しいわ」なんてセリフを言う場面が試験では扱われないことは、前に述べたとおりです。ましてや、その箇所に線を引っ張って、「その時の心情を説明せよ」なんて設問は考えられません。必ず傍線前後に心情を表す根拠があるので、そこに線を引いて読んでいきましょう。

例題二

彼が死んだという知らせを聞いた時、彼女はぽつんと「いい気味だわ」とつぶやいた。彼女は彼と結婚する約束を交わしていた。彼女のお金で新居の用意までした。だが、いつの間にか約束は反故《ほご》にされてしまった。そんな彼が交通事故で即死した。心の中で、「いい気味」と繰り返しつぶやいたが、涙が自然と頬を伝わってきた。こんなにも彼を愛していたのだと、改めて自分の気持ちを知って驚いた。

問　――線部「いい気味だわ」とあるが、このときの彼女の気持ちとして、最も適切なものを選びなさい。

ア　悲しみ　**イ**　喜び　**ウ**　怒り

「言葉と裏腹」という言い回しがありますが、私たちは思ったことと反対のことを口にすることがあります。だから、セリフをそのまま鵜呑《うの》みにすることはできません。この例題では「いい気味だわ」というセリフを、「涙が自然と頬を伝わってきた」という動作から解くものです。

答え　ア

● **情景描写**

「情景」とは「心情」と「風景」が一緒になったような言葉です。つまり、情景描写は客観的な描写ではなく、登場人物の目に映った主観的な風景なので、そこには登場人物の心情が投影されているのです。

例題三

その夜、彼女は自分の部屋の窓を大きく開けて、外の風景をいつまでも見つめていた。外は雪だった。目の前の木々も、遠くの山々もすべてが真っ白だった。凍えるような景色だった。急に寒気がして、彼女は大きなため息の後、窓を音を立てて閉めた。

問　彼女の心情として、最も適切なものを選びなさい。

ア　感動　**イ**　悲しみ　**ウ**　喜び

雪景色は人によって、あるいはその時の状況によって、美しく感じたり、厳粛に感じたりするものです。ここでは「凍える」「ため息」などを根拠にして、「悲しみ」が答えとなります。

答え　イ

このように文中からなるべく多くの根拠を探し出して、登場人物の心情を客観的に把握していきます。

君たちは、小説はどうせセンスや感覚だから、今さら勉強しても仕方がないと考えているのではないですか？　実際、小説問題は、その時の問題との相性次第で解けたり解けなかったりします。なぜなのでしょう？

理由は単純で、要するに自分の気持ちですら容易につかめないのに、ましてや他人の気持ちなんかわからないということです。しかも、君たちは小説の一場面をいきなり読んでいくわけです。そこで、君たちは無意識のうちに自分の気持ちから登場人物の気持ちを把握することになります。自分なら悲しいから、さぞかし彼女も悲しいだろうとか、自分なら許せないから、彼も怒っているに違いないという具合に。これを感情移入といいます。

君たち一人ひとりの感じ方はすべて異なっているので、読み手の感性を通る限り登場人物の心情把握は微妙に異なります。

出題者の捉え方と君たちの感性がたまたま一致すれば、面白いほどの正解が得られるし、逆に感性が合わないとひどい点数を取ることになります。でも、自分では無意識のうちにそう思ってしまっているのだから、どうしようもありません。だから、小説はセンス・感覚だとなってしまうのです。

自分の感性を通して文章を読もうとする限り、いくら問題練習をしても骨折り損です。

- 自分の感性を排除し、問題文を客観的に読む訓練が必要です。そのためには、登場人物の心情を表す、動作、セリフ、情景描写などをすべてチェックします。
- 登場人物の心情は、その前後の根拠から客観的に判断します。

当然、普通に小説を読むやり方とは異なった方法になります。一般に小説を読む時は、自由に想像の翼を広げて、好きなように楽しめばいいのです。一人一人の読者の脳裏には、それぞれ違った主人公のイメージが出来上がっているはずです（誤読でない限りは）。

それと小説問題を解くという行為はまったく別のものなのです。特に試験では、君たちが文章を客観的に分析できるかどうかの学問的能力を試すものですから、感情移入を避けて、根拠を見つけ出して、登場人物の心情を把握する一定の訓練が必要なのです。

5
●小説問題の解法

宮下奈都『つぼみ』

学習日　　月　　日

目標タイム 20分

解答・解説▶P.60

次の文章を読んで後の問題に答えなさい。

　首を伸ばしてみると、紗英《さえ》は＊花器置き場の前にいた。何をしているのか、そこで屈《かが》んだままじっと動かない。

　私の視線に気づいたのか、紺野さんがふりかえって紗英の様子を見、忍び笑いをしながら私に視線を戻す。

「①少しだけ待っててやってもらえますか。」

「いいけど。」

「あの子は記憶力がいいんです。」

　こっそりと教えてくれる。

「何を記憶しているの？」

　私が聞くと、紺野さんもちょっと□。

5　宮下奈都『つぼみ』

「よくわからないんですけど、今日活《い》けた花を、別の花器に活けていたとしたらどうなっていたか、その花器の前でシミュレーションするんだっていってました。」

「大きさも形も違うのに？」

はい、と紺野さんはうなずく。

「花器の形によって主枝《しゅし》の位置から変わってきますよね。紗英は今日の花材のようすを細かく覚えていて、頭の中で別の花器に活けるときにそれを少し変えてみたりできるんだそうです。枝のどの辺に葉っぱが何枚どちら向きについていたか、はっきり覚えているんですって。それで、花器を替えても、どの枝をどうアレンジすれば同じように活けられるか＊反芻《はんすう》できるんだそうです。」

「それはたいしたものね。」

相槌《あいづち》を打つと、紺野さんも大きくうなずいた。記憶力が優れている点をほめているのではなく、花器を替えておさらいするところをほめたい。それは、活け花への情熱だ。知りたいという気持ちの強さが、花の隅々までを記憶に残すのだ。

「頭の中で、＊剣山を少しずらしてみたりすることもできるそうです。」

紺野さんがいい添える。

頭を撫《な》でてあげたくなった。紗英は恵まれている。身近にこんなにいい友達がいて。後片づけの手伝いもせず、自分の興味や好奇心や能力に没頭できるのは、それをゆるしてくれる環境があるからだ。

「紺野さん、あなたは伸びるわよ。」

私の言葉に、②紺野さんは驚いた顔になり、それからさっと頬を赤らめた。

「私は取り柄がないから。真面目にやるしかないんです。」

こういう子にこそ自信を持ってほしい。真面目にやることがすべての基本だと伝えたい。

「真面目で気配りができるっていうのは、ひととしていちばんの美徳なの。友達のこと、いつも大事にしているし。」

いいえ、と彼女は首を振った。

「友達のことは、いつも羨んでます。」

小さな声でいって、目を細める。

「でも、だいじょうぶです。特別な才能がなく生きるっていうのはけっこうむずかしくて、だからこそやりがいがあって、私はわりと気に入ってます。」

特別な才能があるかないかなど、まだわからない。こつこつと素振りを繰り返しているうちにラケットの真ん中にボールが当たるようになるかもしれない。

「先生。」

呼ばれてふりむくと、紗英が立っていた。

「今度の稽古のとき、花器をふたつ使わせてもらってもいいですか。同じ花材で、違う花器にまったく同じように活けたら、型がどうなるのか確かめたいんです。」

背伸びをしない。正直に、体当たりで来る。紺野さんじゃなくても羨ましいくらいだ。奇抜なことをしているようで、③実はこの子も「真ん中に当たる」よう努力しているのかもしれない。

「いいわよ。」

「ありがとうございます。」

紗英は顔をくしゃっとさせ、たんぽぽのような笑顔になった。

（宮下奈都『つぼみ』／光文社）

＊花器…活け花で用いる器。
＊反芻…繰り返し考えること。
＊剣山…活け花で花などを固定する道具。

問一 本文中の□に当てはまる語句として、最も適切なものを次の**ア**〜**エ**の中から一つ選び、その記号を書きなさい。

ア 舌を巻いた　**イ** 肩を落とした

ウ 首をひねった　**エ** 耳を澄ました

8点

問二 ——①「少しだけ待っててやってもらえますか」とあるが、「紺野さん」がこのように言うのはなぜか。その理由として、最も適切なものを次の**ア**〜**エ**の中から一つ選び、その記号を書きなさい。

ア 紗英が何をしているか理解しているから。

イ 紗英は自分から他人に頼めない性格だから。

ウ 紗英の不安定な気持ちを落ち着かせたいから。

エ 紗英にここで恩を売っておく必要があったから。

8点

問三 ——②「紺野さんは驚いた顔になり、それからさっと頬を赤らめた」とあるが、「紺野さん」が驚いた顔になり、頬を赤らめたのはなぜか、書きなさい。

問四　――③「実はこの子も『真ん中に当たる』よう努力しているのかもしれない」とあるが、二人の先生である「私」は、「紗英」と「紺野さん」をそれぞれどのような人だと評価しているか、本文全体から読み取り、書きなさい。

（解答欄）

14点

紺野さん	紗英

20点（10点×2）

得点
／50点
目標得点 35点

● 登場人物の心情を客観的に把握

藤岡陽子『おしょりん』

学習日　月　日

目標タイム 20分

解答・解説 ▶ P.70

次の文章を読んで後の問題に答えなさい。

明治三十八年、村の庄屋《しょうや》である五左衛門《ござえもん》と弟の幸八《こうはち》は、村にめがね工場を建てるため、大工の末吉《すえきち》にめがね職人になってくれるよう説得していた。幸八は、末吉と小《こ》春《はる》の娘で小学校三年になるツネが、黒板を写せないことを不思議に思っていた。次は、幸八が、五左衛門とともに末吉の家を再度訪問した場面である。

美しい*千代紙を使って姉さん人形を折るツネを、幸八はじっと見ていた。器用なところは父譲りなのか、*縮緬《ちりめん》紙でこしらえた髪も、千代紙で作った花嫁衣裳《いしょう》も目を見張るくらいに上手にできている。どう見ても、勉強についていけないような娘ではない。幸八と五左衛門が神妙な顔つきで部屋に入ってきたことで、ツネは手を止め、こちらを窺《うかが》うように眺めてきた。

6 藤岡陽子『おしょりん』

「どうしたんや」

①夜半に再び舞い戻ってきた兄弟を、末吉が不思議そうに見つめる。

「弟がもう一度だけおまえと話したいと言うから連れてきたんや。あと数分だけ、時間を割いてやってくれんか」

五左衛門は突然の訪問を詫《わ》びた後、幸八のほうを見て、「これが最後やざ」と念を押してくる。

「ほんまに、これが最後のお願いです。でもぼくは末吉さんに会いにきたわけではなく、実はツネちゃんに用があって戻ってきたんです」

幸八が言うと、盆に茶を載せて運んできた小春の足が止まり、口を半開きにしたツネが視線をこちらに向ける。

「ツネになんの用が——」

末吉が言い終わらないうちに、幸八は籠の中から幾つかのめがねを取り出し、板間に並べた。

「なんやこれ。さっき見ためがねやないか」

末吉が腕組をしたままめがねを顎《あご》で指し示す。

「ほうです。ほやがさっきは見本のひとつしか持ってきませんでしたが、今度は手持ち全部を持ってきたんです」

中でもいちばん小さな*真鍮枠《しんちゅうわく》のものを指先で持ち上げ、幸八は、

「ツネちゃんに掛けてもらってもええですか」

と末吉のほうを見る。末吉の返事を待たずに「ツネちゃん」と手招きし、その小さな鼻の上に、めがねを置いてみる。

「どんな感じや」

いちばん小型なものにしても仕様が大人用なので、幸八は*蔓《つる》を指先で支えてやりながらツネの言葉を待つ。めがねを掛けたツネは、せわしげに首をめぐらせ部屋の中を眺めるだけでなにも応えない。

「どうや。見え方が変わらんか」

幸八がツネの顔をのぞきこんで問いかけると、

「眩《まぶ》しい……」

ツネはいったん瞼《まぶた》を固く閉じ、そしてまたもう一度、見開いた。

*行灯《あんどん》がひとつだけ灯《とも》る薄暗い部屋だった。「眩しい」というツネのひと言に、小春と末吉が顔を見合わせる。

「どうしたんや。なんで眩しいんや」

6　藤岡陽子『おしょりん』

②末吉が心配そうに目を凝らし、ツネの頬に手を当てる。だがツネは末吉の問いかけにはなにも応えず、目に虫でも入った時のように瞬《まばた》きを繰り返すばかりだ。

「おとっちゃんの顔が……いつもと違って見えるで」

そしてようやく口にした言葉は、末吉の首を傾《かし》げさせるものだった。

「なに言うてるんや。顔が違うなんてことないざ」

「ううん。違うんや。目も鼻も口も、なんでかすごく大きく見えるんや」

ツネは天井を見上げ「うちの天井、板の木目がわからんほど煤《すす》で黒ずんでいるわ」と笑い、「おっかちゃんのその前掛けに、こんな白い花の模様があったんか」と小春に近づいた。そして、小春の腰に巻かれた三幅《みはば》前掛けを撫《な》でる。その場にいる幸八以外の大人たちから、表情が消えた。③小春は両手で口許《くちもと》を押さえたまま、さっきから動けないでいる。

「末吉さん、小春さん。ツネちゃんは勉強ができないわけやなく、黒板の字が見えてなかっただけ違いますか。もしかすると教科書の字も見えにくかったかもしれん。ほんまは＊聡《さと》い子やで、生まれつき目が悪かっただけやとぼくは思うんです」

霞《かす》んでいたのだ。この娘の視界は、生まれた時からぼんやりと曇っていたのだ。だがそれはこの娘にとっては当たり前のことで、両親や教師に訴えるようなことではなかったのではないか。だから誰も気づかなかった。鼻からずり落ちそうなめがねを人差し指で持ち上げながら、ツネが幸八をじっと見つめてきた。笑いかけると、はにかんだ笑みが返ってくる。

「どうや。おんちゃんの顔もこれまでとは違って見えるやろ」

「うん。肌がざらざらしてる。眉毛が毛虫みたいや」

弾んだ声を出すと、ツネは自分の両手で蔓を支えながら、その場で飛び跳ねた。これまでぼやけていた視界を、初めてはっきりと捉えたのではないだろうか。④ツネは襖《ふすま》の間《あいだ》をするりと抜けるようにして奥の間《ま》に入ったかと思うと、すぐに戻ってきて小春の前になにかを置いた。尋常小学読本《とくほん》の一巻だった。読本の頁《ページ》を開いたツネは、小春に読んでくれとせがんでいる。小春は困惑顔のまま頷《うなず》くと、自分は字が読めないのだとその読本を五左衛門に渡した。

「イ、エ、ス、シ――」

五左衛門がはっきりとした太い声で読み上げれば、ツネがその後から同じように繰り返す。時々はめがねを外し裸眼で読本を眺め、また掛け直しては読本を見つめることを繰り返すその様子を見て、幸八は自分が推測したことに間違いはないと確信した。

（藤岡陽子『おしょりん』）

6　藤岡陽子『おしょりん』

＊千代紙、縮緬紙…折り紙や人形を作る際に用いる、美しい模様の紙。
＊真鍮枠…銅と亜鉛を混ぜ合わせた金属で作っためがね枠のこと。
＊蔓…めがねの、耳にかける部分のこと。
＊行灯…当時の照明器具。油を入れた皿に芯を浸し、火をつけて使う。
＊聡い子…かしこい子。

問一　――i・iiの漢字の読みを平仮名で書きなさい。

i	ii

4点（2点×2）

問二　═══部「神妙な顔つき」の意味として、最も適切なものを次の**ア**～**エ**の中から一つ選び、その記号を書きなさい。

ア　おとなしく控えめな様子
イ　不思議に思って怪しむ様子
ウ　あきらめ悟っている様子
エ　緊張して落ち着かない様子

4点

問三 ――①とあるが、本文中に「末吉」が「五左衛門」と「幸八」の再訪を快く受け止めていないことを、「末吉」の態度で表している一文があります。その一文を――①の後の本文中から探し、その最初の五字を抜き出して書きなさい。

（5字の解答欄）

6点

問四 ――②について、「末吉」は、どのようなことに対して「心配」していると考えられるか。四十字以内で書きなさい。

（40字の解答欄）

12点

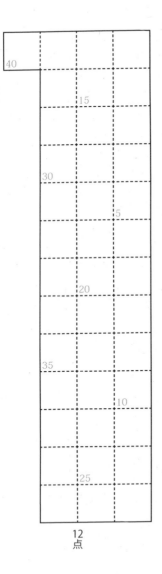

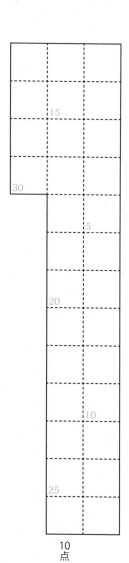

6　藤岡陽子『おしょりん』

問五　――③の表現は、「小春」のどのような気持ちを表していると考えられるか。三十字以内で書きなさい。

問六　――④の「ツネ」の行動とその理由について、国語の授業で次のような話し合いが行われました。（　a　）に入る適切な言葉を十五字以内で書き、（　b　）に入る適切な言葉を六字で本文中から抜き出して書きなさい。

田中：「尋常小学校読本の一巻」のことをインターネットで調べてみたら、当時の小学校一年生の教科書のことだったよ。小学校三年生の「ツネ」は、どうして一年生の教科書を持ってきたのかな。

中本：「ツネ」は、「五左衛門」が読み上げた言葉を同じように繰り返しては、めがねを外したり掛け直したりして何度も教科書を見ているよね。だから、「ツネ」は早く（　a　）と思って、一年生の教科書を持ってきたんじゃないのかな。

田中：なるほどね。その気持ちは、「すぐに戻ってきて」や「（　b　）」という「ツネ」の行動を表した部分からも読み取れるね。勉強に対して前向きになっている「ツネ」の気持ちが伝わってくるよ。

a　8点

b　6点

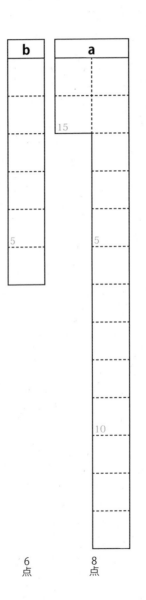

6 藤岡陽子『おしょりん』

得　点
／50点
目標得点 35点

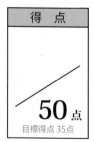

意味が通じるときは主語が省略される

現代の文章では、主語が前の文と変わらないときは、省略されることが一般的です。

逆に、主語が前の文と変わるときは、省略されません。

古文では、主語が前の文と変わるときでも、省略されることが多いのです。

なぜ、省略することができるのか？

理由は簡単。省略されても意味が通じるときは省略するし、意味が通じにくいときは省略しません。

英語で主語の省略が原則的にないのは、他者意識が強い言語だからです。

それに対して、古文で主語が省略されやすいのは、平安時代、後宮での狭い人間関係の中で発達した言語なので、他者意識が希薄だったからなのです。

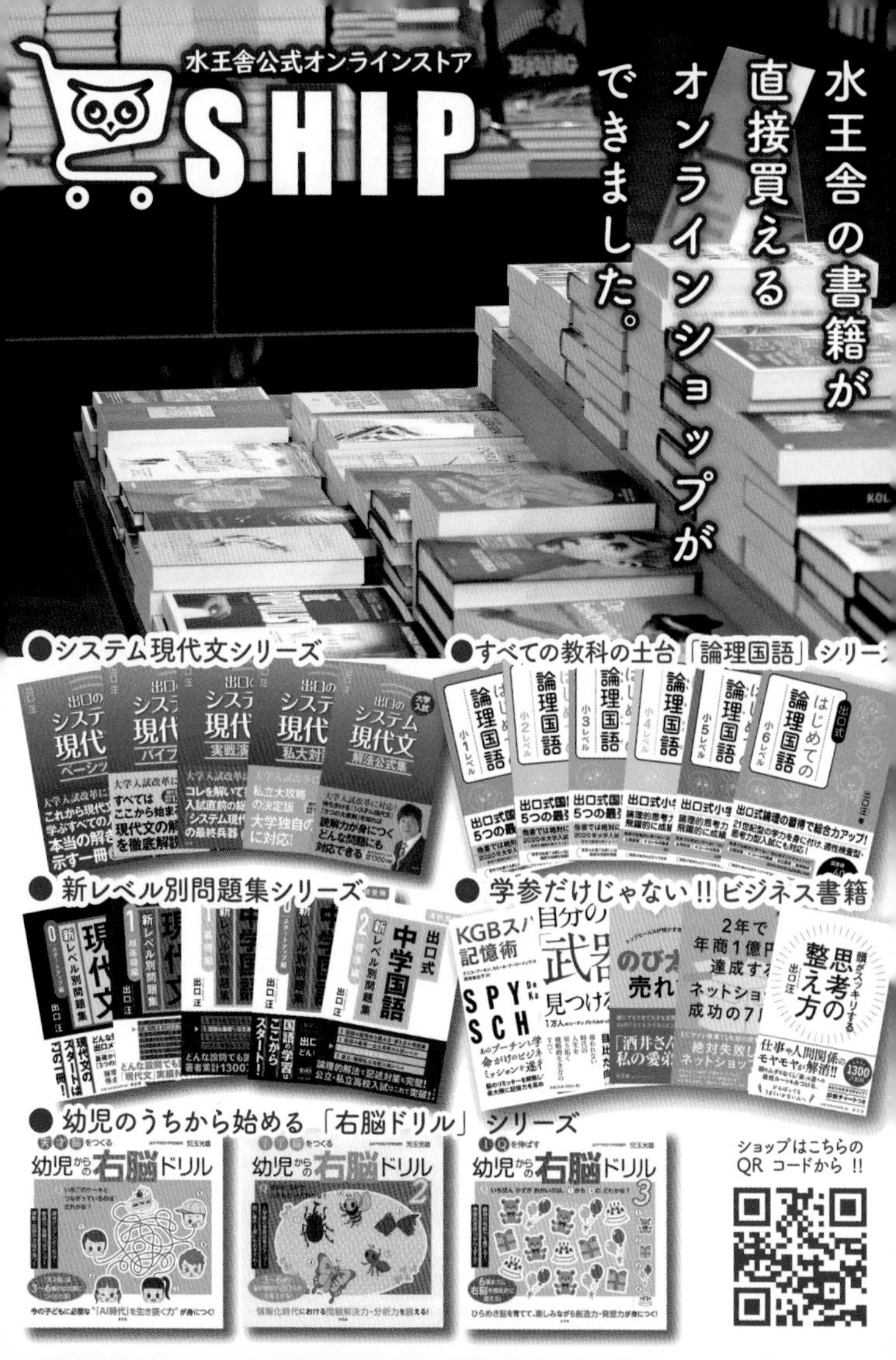
水王舎公式オンラインストア
SHIP
水王舎の書籍が直接買えるオンラインショップができました。
●システム現代文シリーズ
●すべての教科の土台「論理国語」シリーズ
●新レベル別問題集シリーズ
●学参だけじゃない!! ビジネス書籍
●幼児のうちから始める「右脳ドリル」シリーズ
幼児からの右脳ドリル
今の子どもに必要な「AI時代」を生き抜く力が身につく!
情報化時代における問題解決力・分析力を鍛える!
ひらめき脳を育てて、楽しみながら創造力・発想力が身につく!
ショップはこちらのQR コードから !!

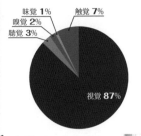

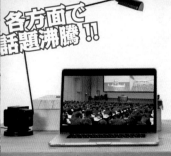

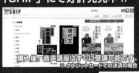

第3章

問題編

古典

古典の読解法

入試問題では現代の文章以外に、古典など、幅広い分野から出題されます。特に公立高校の入試では、古典の問題が必須だと言えるでしょう。

そこで、本書では標準的な古典の問題を取り上げます。

実は多くの問題では古典の知識は最低限度で十分で、後は論理の力で対処できるのです。逆にいうと、現代文で得られた方法で、いかに古典のわからない文章を推測できたかどうかなのです。

では、どのように解いたらいいのか？

実は問題文には多くの現代語訳や注が付いています。これらを丁寧に読み取っていけば、古典の特別な読解力がなくても、ほとんどの設問を解決することができます。

要は、見かけ倒しであって、そのことを理解して、冷静に対処すれば、逆に高得点を獲得しやすいのです。

もちろん最低限の知識はしっかりと整理しておきましょう。
では、実際の古典の問題で、その解き方を練習しましょう。

『きのふはけふの物語』

学習日　月　日

目標タイム 15分

解答・解説▶P.80

次の文章を読んで後の問題に答えなさい。

粗忽《そこつ》なる若衆、餅をまゐるとて、物数を心がけ、あまりふためひて、喉に①詰まる。人々せうしがりて、薬をまゐらせても、この餅通らず。何かといふうちに、天下一の＊まじなひ手を②呼びければ、やがて③まじなふて、そのまま、＊ちりげもとを、一つ④叩《たた》きければ、りうごのごとくなる餅、＊三間あまり先へ、飛んで出る。みな人々これを見て、さてもめでたいことじや、このまじなひ、ちと遅くは、

粗忽なる若衆：そそっかしい若者が
まゐる：召し上がる
物数を心がけ：ひとつでも多く
あまりふためひて：あわてて
せうしがりて：気の毒に思い
まゐらせても：差し上げても
何かといふうちに：そうこうしているうちに
やがて：すぐに
まじなふて：祈って
りうごのごとくなる：真ん中がくびれた形をした
さても：本当に
まじなひ：（まじなひ手による）処置
ちと遅くは：もう少し遅ければ

7 『きのふはけふの物語』

危なかつたが、さりとては《やはり》、⑤天下一ほどある、といへば、若衆聞き給《たま》ひて《お聞きになり》、さのみ《それほどの》、⑥名人にてはない、あつたら物《せっかくのもの》を、内へ入るやうにしてこそ、天下一よ、二でもない、といはれた。

（『きのふはけふの物語』）

＊まじなひ手…ここでは神仏などの力を借りて病気などを取り除く者。
＊ちりげもと…ここでは背中側の首のつけ根のあたり。
＊三間…約五・四メートル。

問一 ＝＝部「まゐる」を現代かなづかいで書きなさい。

6点

問二 ――①～④の中から、その主語に当たるものが同じであるものを二つ選び、その記号を書きなさい。

・

10点（完答）

問三 ――⑤と――⑥はそれぞれ、人々と若衆の、「まじなひ手」に対する評価である。これについて、次の⑴・⑵の問いに答えなさい。

⑴ ――⑤「天下一ほどある」は、人々の、「まじなひ手」に対する評価である。人々がこのように言ったのはなぜか。その理由を、「まじなひ手」が来る前の若衆の状況に対する人々の思いを含めて、簡単に書きなさい。

16点

(2) ——⑥「名人にてはない」は、若衆の、「まじなひ手」に対する評価である。若衆は、「まじなひ手」による処置に対し、餅をどのようにしてほしかったと述べているか。若衆の行動から分かる、若衆がそのように望んでいた理由を含めて、簡単に書きなさい。

18点

得　点
50点
目標得点 40点

『十八史略』

次の文章を読んで後の問題に答えなさい。

【漢文】

*二十一年、*韓休*同平章事《タリ》。休為《リ》レ人《ト》峭直《ナリ》。*上或《ハ》宴遊小《シク》過《グレバ》、輒《チ》謂《いツテ》二*左右《ニ》一曰《ハク》、「韓休知《ルヤ》否《ヤト》。」言《ヒ》終《ツテ》*諫疏已至《ル》。左右曰《ハク》、「休為《リ》レ相《ト》、陛下殊《ニ》□二於旧《ヨリ》一。」上歎《ジテ》曰《ハク》、「吾雖《モ》レ瘦《セタリト》、天下《ハ》肥《エタリト》矣。」

（『十八史略』）

学習日　月　日

目標タイム 15分

解答・解説▶P.88

8　『十八史略』

【書き下し文】

二十一年、韓休同平章事たり。休人《ひと》と為《な》り峭直《せうちょく》なり。
（宰相の職に就いた）（韓休の人柄は厳しく正直であった）

上《しやう》或《あるひ》は宴遊小《すこ》しく過ぐれば、輒《すなは》ち□、「①韓休知るや否《いな》や。」と。
（ときに）（宴会で少し度を越すと、そのたびごとに）（気づいていまいか）

言い終《おは》つて諫疏《かんそ》已《すで》に至る。
（その言葉を言い終わるときにはすでに韓休からのいさめの書状が届くというありさまだった）

左右曰はく、「休相《しやう》と為《な》り、陛下殊《こと》に旧《きう》より□。」と。
（宰相となり）（以前より）

上歎《たん》じて曰わく、「吾《われ》痩《や》せたりと雖《いへど》も、②天下は肥えたり。」と。
（ため息をついて）（やせてしまったが）

＊二十一年…開元二十一年。唐の玄宗皇帝の時代。
＊韓休…玄宗の家臣。
＊同平章事…宰相。皇帝を助けて政治を行う最高位の役人。
＊上…ここでは、玄宗をさす。
＊左右…そばにいる家臣。
＊諫疏…いさめの書状。「いさめる」とは、目上の人に対して、過ちや欠点を改めるように忠告すること。

問一　書き下し文の［　］に入る適切な語句を書きなさい。

10点

問二　書き下し文の［　］に入る語句として、最も適切なものを次の**ア**〜**エ**の中から一つ選び、その記号を書きなさい。

ア　肥えたり　**イ**　乱れたり　**ウ**　痩せたり　**エ**　過ちたり

8点

問三　――①「韓休知るや否や」とあるが、このときの玄宗の気持ちとして、最も適切なものを次の**ア**〜**エ**の中から一つ選び、その記号を書きなさい。

ア　自分の過ちを韓休に知られることを気にしている。

イ　韓休を宴会に招待しなかったことを悔やんでいる。

ウ　宴会の様子を韓休に知らせようとして慌てている。

エ　韓休に問い詰められて、自分の軽率さを恥じている。

12点

8 『十八史略』

問四　――②「天下は肥えたり」とあるが、どのようなことを表しているか。その理由も明らかにして四十字以内で書きなさい。

20点

得点

50点

目標得点 40点

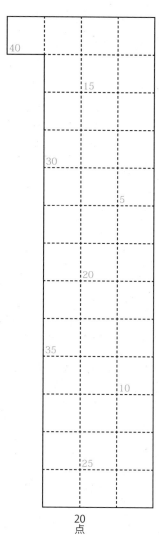

出口汪（でぐち・ひろし）

関西学院大学大学院文学研究科博士課程単位取得退学。広島女学院大学客員教授、出口式みらい学習教室主宰。現代文講師として、入試問題を「論理」で読解するスタイルに先鞭をつけ、受験生から絶大なる支持を得る。そして、論理力を養成する画期的なプログラム「論理エンジン」を開発、多くの学校に採用されている。現在は受験界のみならず、大学・一般向けの講演や中学・高校教員の指導など、活動は多岐にわたり、教育界に次々と新機軸を打ち立てている。著書に『「最強！」シリーズ』『システム現代文シリーズ』『システム中学国語シリーズ』『はじめての論理国語』（以上、水王舎）など多数。

■水王舎の最新情報はこちら
https://suiohsha.co.jp

出口式
中学国語 新レベル別問題集
0 スタートアップ編

2020年9月20日　第1刷発行
2023年5月10日　第5刷発行

著　者　出口　汪
発行人　出口　汪
発行所　株式会社　水王舎
東京都渋谷区広尾 5-14-2　〒150-0012
電　話　03-6304-0201
装　幀　福田 和雄（FUKUDA DESIGN）
編集協力　石川 享（knot）
編　集　出口 寿美子
本文印刷　大日本印刷
製　本　ナショナル製本

ISBN978-4-86470-148-8

高校受験

出口式 中学国語 新レベル別問題集

0 スタートアップ編

解答編

取り外してお使いいただけます。

解答編

目次

具体と抽象の論理的関係

稲垣栄洋『植物はなぜ動かないのか　弱くて強い植物のはなし』

目標得点 35点

問題▶P.56

解答

問一 草刈りや耕起は　4点

問二 ア　3点

問三 ウ　3点

問四 光が当たると芽を出しはじめる　という性質。　7点

問五

a 種子が雨などの水に濡れるとゼリー状の粘着液を出して膨張し、人間の靴や動物の足にくっついて運ばれる　9点

b 増殖する　5点

1　稲垣栄洋『植物はなぜ動かないのか　弱くて強い植物のはなし』

問六

a　しおれそうになりながら耐えている　6点

b　歯を食いしばって頑張っている　6点

問七

生存の知恵を獲得して驚異的な進化を成し遂げた　7点

目標

入試問題で必要とされる論理（筋道）は、**「イコールの関係」「対立関係」「因果関係」**の三つの関係しかありません。これらを使いこなせば、論理的な文章の読解も、記述式問題や作文も、資料問題などの思考力問題も簡単に解いていくことができます。

まず「イコールの関係」について学習していきましょう。**「イコールの関係」**とは**抽象と具体の関係**です。文章の要点となる「筆者の主張」は抽象的な箇所でしたね。抽象と具体を意識して、要点に線を引くようにしていきましょう。

・抽象と具体とを意識して読む。
・要点（抽象的な箇所）に線を引く。

論理的読解

●「イコールの関係」を意識しよう

話題は「オオバコ」についてです。オオバコという雑草は「踏まれに強い構造を持っている」が主張で、次にそれについての具体的な説明がきます。踏まれても大丈夫なように、オオバコは柔らかい葉で衝撃を吸収する一方、葉の中に硬い筋を持っています。茎も外側は固く、内側は柔らかいスポンジ状になっているのです。すべてが**「踏まれに強い構造」**なのです。

段落3では、「オオバコのすごいところは、踏まれに対して強いというだけではない」と**次の主張が展開されている**ので、次にまた**具体的な説明がくる**ことがわかります。では、何がすごいかというと、オオバコの種子は水に濡れるとゼリー状の粘着液を出して膨張し、人間の靴や動物の足にくっついてどこか別の場所に運ばれていくのです。オオバコは踏まれることで種子を運ぶのですから、まさに**「踏まれることを利用している」**のです。本当にすごい雑草ですね。

1　稲垣栄洋『植物はなぜ動かないのか　弱くて強い植物のはなし』

段落4で、**具体→抽象という展開**をしていることはわかりましたか。ここからはオオバコの話題は登場しなくなり、「雑草」の話になります。段落3までは**雑草の具体例として、オオバコを挙げていた**のです。そこで、**頭をオオバコから雑草に切り替えます。**雑草は「逆境をプラスに変える」というよりも、むしろ**「具体的な形で逆境を利用して、成功する」**のです。これが**筆者の主張（抽象）**なので、以下、筆者はこれを**論理的に説明しなければなりません。**

段落5冒頭で**「たとえば」**とあることから、次に主張の具体例がくることがわかります。このように自分の意識で文章を読むのではなく、**筆者の立てた筋道を追っていけばよい**のです。草刈りや耕起は雑草にとって逆境ですが、雑草はちぎれた断片の一つ一つが根を出し、新たな芽を出して再生するのです。まさに逆境を利用して増えていくのです。

段落6の冒頭に**「また」**とあるので、もう一つ、具体例が挙げられることがわかります。他の種子は暗いところで発芽するのに対して、雑草は光が当たると発芽するのです。草むしりで土がひっくり返されると、土の中に光が差し込み、雑草の種子は我先にと芽を出し始めるのです。

段落7で、これらの具体例を「雑草の生存にとっては逆境だが、雑草はそれを逆手に取って、増殖する」とまとめています。段落8はそれを**「ピンチはチャンス」**と言いかえ、段落[9]で、自然界は逆境ばかりだと指摘しています。

ここまでの要点を整理すると、

A´ オオバコの例
＝
A 雑草は具体的な形で逆境を利用して、成功する
＝
ピンチはチャンス

このように要点に線を引くと、頭の中がスッキリと整理されるのです。

●話題は「雑草」から「人生」へ

では、この文章は雑草について述べているかというと、段落[10]で雑草から「**私たちの人生**」について、話が新たに展開しています。ここでも**具体（雑草）↓抽象（人生）**と、「イコールの関係」です。

「私たちの人生にも、逆境に出くわす場面は無数にある」と、話題が「私たちの人生」に

1　稲垣栄洋『植物はなぜ動かないのか　弱くて強い植物のはなし』

なります。私たちは道端の雑草の姿を見て、自らの人生を照らし合わせ、センチメンタルになるかもしれませんが、雑草は耐えたり、歯を食いしばったりしているのではなく、もっとたくましく、逆境にこそ生きる道を選んだのであり、それを味方にしてしまったのです。

段落11では、「雑草は、生存の知恵を獲得して驚異的な進化を成し遂げた」とまとめています。

段落12で、「私たちもまた、逆境を恐れないことできっと強くなれるはずなのである」と、**「雑草」から、「人生」についての話に展開**しています。

> **A´　雑草の生き方**
> **＝**
> **A　私たちの人生のあり方**

このように筆者は自分の主張を説明するために、具体例や具体的説明などを提示しているのですが、「オオバコ」を抽象化すると「雑草」、その「雑草の生き方」をさらに抽象化すると「私たちの人生のあり方」となり、**抽象と具体の関係は相対的である**ことを理解してください。

論理的解法

設問は本来問題文を理解したかどうかを問うものですから、**論理的に読解ができたなら、おのずと設問の答えが見えてくる**ものです。どう解いてよいかわからないときは、大抵、文章をしっかりと読み取っていないか、それらを頭の中で整理できていないかのどちらかです。

もう一つ頭に置かなければならないことは、同じ文章で同じ設問が出題される可能性はほとんどないのですから、**どんな設問でも解ける一貫した解き方を身につける**ことです。そのためには一つひとつ、その設問がどのような力を試すものなのかを丁寧に確認することが大切です。

問一

主語（主部）とは述語（述部）に対して、**「誰が」「何が」**に当たるものです。何が「大事件である」のかというと、「草刈りや耕起は」。条件が「二文節」なので、ここでは**「文節」**の理解が必要です。

単語（**語**）…言葉の最小限の単位
文節…不自然にならない程度の最小の単位

また、文節を正確に理解するためには「自立語」「付属語」の理解も必要です。「**自立語**」は文節の初めにくる単語で、**単独で文節を作る**ことができる語。「**付属語**」は活用する**助動詞**と活用しない**助詞**からなり、これらは**自立語の後に付いて初めて文節を作る**ことができます。

自立語…単独で文節を作る　助動詞・助詞以外の語
付属語…単独で文節を作れない→自立語に付いて文節を作る
・**助動詞**　活用する
・**助詞**　活用しない

さて、「草刈りや耕起は」ですが、「草刈り」「耕起」が単語、助詞の「や」「は」はそれぞれ「草刈り」「耕起」に付いて文節を作るので、「草刈りや耕起は」で二文節です。

問二

「組み合わせ」を選ぶ場合は、一つの空欄に入る答えが一つとは限らない可能性がありま す。そこで、「入るもの」を選ぶのではなく、**「入らないもの」を消去**しましょう。

A 直前で「柔らかいスポンジ状になっていて」とあるので、それを形容する言葉が入ります。「しなやか」は柔軟で弾力に富んでいるさまなので、「スポンジ状」を形容するのに適切。「たおやか」は動作がしなやかで優しいさまなので適切。少なくとも、**イ**「こまやか（細かいさま）」、**エ**「あでやか（はなやかで美しいさま）」は消去。そこで、残った**ア**「したたか」か**ウ**「しとやか」かをCで決定します。

C 「雑草の生き方」が主語で、「（ C ）なのである」が述語。直前で「もっとたくましく」とあるので、**「たくましく」に近い、雑草の生き方を形容した言葉**が答え。当然、**ウ**「しとやか」は消去。**ア**「したたか」は抜け目がないことなので、雑草の生き方として適切。

問三

接続語の問題は**前後の文章の論理的関係**から考えましょう。選択肢から適当に言葉を選んで、空所に代入して自分の感覚で判断していると、どんなに多く練習をしても確実に正解を導き出せるようにはなりません。選択肢にある接続語の役割は次のようになります。

ア「それとも」　選択…どちらかを選ぶ場合。
イ「ところが」　逆接…前の流れをひっくり返す場合。
ウ「つまり」　言いかえ・要約…前の文を言いかえたり、まとめたりする場合。
エ「ただし」　条件…前の内容に条件を付ける場合。

（　Ｂ　）直前の「ちぎれた断片の一つ一つが根を出し、新たな芽を出して再生する」＝「ちぎれちぎれになったことによって、雑草は増える」で、後の文が前の文を言いかえているのだから**ウ「つまり」**が答え。

解法の公式
接続語の問題は、空所前後の文の論理的関係で決める。

問四
まず条件を整理します。抜き出し問題ですが、「段落⑥の文中」「十字以上、十五字以内」「『〜という性質。』に続くように」と、これだけの条件を満たす箇所を探さなければなりません。

まず――②の**指示語「それ」**の指示内容が「光が差し込む」を指していることに注目。地面の下の雑草の種子が、光が当たる（差し込む）と芽を出すのは、種子にどのような性質があるからかというと、6段落26行目の**「光が当たると芽を出しはじめる」**が、種子の性質を表した箇所で、条件をすべて満たします。

解法の公式

抜き出し問題は条件チェックが大切。

問五

条件チェックが大切でしたね。（　b　）は単なる抜き出し問題ですが、**四字**という字数が決められています。四字以下ではないことに注意が必要です。

それに対して、（　a　）では「文中の言葉を使って」となっています。記述式問題で最も多く出題される形式で、この場合はまず**本文中から「文中の言葉」を探し出す**ことから始めます。

そこで（　a　）の「文中の言葉」を段落1～3から探します。（　a　）の直前に「オオバコは、葉や茎が踏まれに強い構造になっているだけでなく」とあるので、3段落の冒

1　稲垣栄洋『植物はなぜ動かないのか　弱くて強い植物のはなし』

頭「オオバコのすごいところは、踏まれに対して強いというだけではない」に着目します。その後の箇所にオオバコが踏まれに強い構造を持っているだけではなく、もっとすごい点が述べられているとわかります。

「オオバコの種子は、雨などの水に濡れると、ゼリー状の粘着液を出して膨張する。そして、人間の靴や動物の足にくっついて、種子が運ばれるようになっているのである。」

この箇所を（　a　）に入る文章に書き直すためには、**①二文を一文にする**。**②「ようになっている」につながるようにする**。③「四十字以上、五十字以内」になるように**余分な言葉を削る**、という作業が必要となります。そのためには、まず該当箇所を整理しましょう。

①「種子が雨などの水に濡れると、ゼリー状の粘着液を出して膨張する」
②「人間の靴や動物の足にくっついて、種子が運ばれる」

①と②は「そして」でつながっているので、一文にできます。また②はそのまま「ようになっている」につながるので、後は余分な言葉を削るだけですね。一文にしたことで②の**主語「種子が」**を削ることができます。

（　b　）は直後に「（　b　）ことがオオバコにとっての成功である」とあることから、何が成功になるのか、段落6～9から探すと、段落6の末尾に「結果的に雑草が増えてしまう」、段落7に「雑草はそれを逆手に取って、増殖する」とあります。**四字**という字数条件から、答えは「増殖する」。

解法の公式
「文中の言葉を使って」という条件の場合は、該当箇所をまず整理せよ。

問六

（　a　）（　b　）ともに雑草の姿を表すものを抜き出します。――④直前の「そんなとき」は「逆境に出くわす場面」を指しています。**逆境で生き抜く雑草を見たとき、私たちは自分の人生と重ねて、センチメンタルになる**のです。センチメンタルは感傷的という意味で、感じやすく、涙もろいような状態のことです。では、雑草がどんな様子をしていると、私たちが思わず涙もろくなるのかというと、――④の後に「**しおれそうになりながら耐えている**」「**歯を食いしばって頑張っている**」とあります。これが（　a　）の十六字、（　b　）の十四字という字数条件を満たします。私たちは雑草に自分の人生を照らし合わせてセンチメンタルになるのですが、実は雑草は逆境を利用して増殖するといったたくましさを持っているのです。同情は無用だったのです。

問七

段落1〜3はオオバコの具体例、段落5・6も「たとえば」「また」とあることから、具体例だとすでに説明しました。**具体例とは「筆者の主張」を裏づけるための根拠となる**ものです。そこで、「筆者の主張」となるものを探すのですが、複数ある該当箇所の中で、段落9〜12から、**「二十二字」**という条件では、段落11の**「生存の知恵を獲得して驚異的な進化を成し遂げた」**しかありません。

解法の公式

A　筆者の主張
＝
A′　具体例

という論理展開を意識しましょう。

発展学習

「オオバコの例→雑草の例→私たちの人生」と、具体から抽象へと論が進んでいきます。こうした**具体と抽象**といった頭の使い方をまず理解してください。そうすることで、どんな難解で長い文章でも、素早く的確に**文章の要点**を読み取ることができます。すると、頭の中で**要点と要点との論理的関係**を整理することができるようになるのです。

さて、この文章は私たちに大いに勇気を与えてくれることでしょう。どんなに恵まれた環境に産まれた人でも、生涯一度も逆境に陥らない人など一人もいません。病気や貧困、受験の失敗、失恋、裏切り、失業など、私たちは何度かそうした逆境に陥ることでしょう。そんなとき、雑草を思い出してみてください、雑草は逆境に強いというよりも、逆境こそが雑草を進化させたのです。私たちの人生もそうありたいものですね。

1　稲垣栄洋『植物はなぜ動かないのか　弱くて強い植物のはなし』

イコールの関係と対立関係

高階秀爾『日本人にとって美しさとは何か』

解答

問一 エ 6点

問二 客観的な原理に基づいて制作された作品 10点

問三 イ 6点

問四 ア 6点

問五
a どのような場合に美が生まれるかということ 8点
b 長くは続かない 6点

問六 ウ 8点

目標得点 35点

問題▶ P.66

2 高階秀爾『日本人にとって美しさとは何か』

目標

今回は「論理の法則Ⅰ」の**「イコールの関係」**に続いて、「論理の法則Ⅱ」の**「対立関係」**を学習します。また**段落ごとの論理的関係**を意識することで、設問の根拠となる箇所を的確に探し出すことができます。

また、問題1では「イコールの関係」の具体例・体験を学習しましたが、もう一つの「イコールの関係」である**引用**も登場します。

- 「対立関係」を捉える。
- 引用も「イコールの関係」の一つ。

論理的読解

●「対立関係」を意識しよう

大方の論説文は日本や日本人、あるいは現代の問題について論じたものですが、段落1の冒頭には「西欧世界においては」とあります。この瞬間から、おそらくどこかで日本の話になり、**西洋と日本との対比**になるだろうと予測ができます。そこで、**どこで日本の話に話題が転換するのか**を意識して読んでいきましょう。

冒頭、西欧世界では、『美』は**「ある明確な秩序を持ったもののなかに表現される」**とあるのが**筆者の主張**。次に「その秩序とは」と具体的に述べていますが、その後に「いずれにしても」とあることに注意。どのような秩序か具体的に挙げた上で、「いずれにしても**客観的な原理に基づく秩序が美を生み出す**」とまとめています。このように**「いずれにしても」**といった**論理語**をしっかりとチェックして読んでいくと、おのずと要点となる箇所が明確になるのです。

西欧世界：美はある明確な秩序を持つ＝客観的な原理に基づく秩序が美を生み出す

このように要点だけをつかみ取れば、いつでも頭の中はスッキリですね。

段落[2]の冒頭で「典型的な例は」とあるので、**具体例**。ギリシャ人はこの原理を**「カノン」**と呼んでいたのです。

段落[3]の冒頭は**「もっとも」**。これも**補足説明**をする論理語です。「もっとも」「ただし」は前の内容を肯定しながらも、それに条件を付けたり、補足説明をするときに使います。ギリシャ時代の彫刻はほとんど残っていなくて、大部分はローマ時代のコピーであると補足する内容を述べながら、それでも美の原理であるカノンがそこに実現されていると、筆者の主張を肯定しています。

段落1〜3までは西欧世界のことで、要点となるのは、**「美は客観的な原理に基づく秩序＝カノンが生み出す」**ということだけです。では、どこで日本についての話題に変わるかと読んでいくと、段落4で初めて「日本人」が登場します。そこで、**「対立関係」**を意識しましょう。日本人は「何が美であるかということよりも、むしろどのような場合に美が生まれるか」ということに感性を働かせています。**「何が美であるか」**は**西欧**で、それに対して、**「どのような場合に美が生まれるか」**が**日本**の美意識ですね。そして、そのそれぞれを**「実体の美」**に対して、**「状況の美」**と規定しているのです。

西欧：実体の美　何が美であるか
⟷
日本：状況の美　どのような場合に美が生まれるか

以下、このことについて具体例を挙げて説明していくことになることは、論理的に読めばおのずと予測できることです。このように**論理的な読解**とは**先を予測しながら、それを確認していく**作業に過ぎません。だから、自分の主観が入る余地はないのです。

●引用文の論理的関係

段落5の冒頭「**例えば**」という接続語から、「状況の美」の具体例として、芭蕉の「古池や蛙《かわず》飛びこむ水の音」という俳句を挙げたことがわかります。「イコールの関係」ですね。さらに段落6・7も日本人の美意識を表す例として、「枕草子」を挙げています。

さて、ここで**引用**について説明します。段落6にいきなり古文が登場してきますが、何もあわてることはありません。これは「枕草子」の冒頭の段を引用として挙げているだけです。

引用とは基本的に筆者の主張と同じ意見であるか、それを裏づける文章だから持ち出したのであって、その意味では「**筆者の主張**」＝「**引用**」と、「**イコールの関係**」の一つなのです。もちろん筆者の意見と反対のものを引用することもないわけではありませんが、その場合はそれを次に否定しなければならないので、それほど多くは見かけません。少なくとも、筆者の主張と何の関係もない文章をいきなり引用することはありませんから、必ず筆者の主張との論理的な関係を考えてください。

A　筆者の主張
＝
A´　具体例・体験・引用

2 高階秀爾『日本人にとって美しさとは何か』

段落7で、「日本人の感性は、千年の時を隔ててもなお変わらずに生き続けている」とあるので、現代においても日本人の美意識は「状況の美」なのです。段落8では、もう一度**西欧の「実体の美」と対比させています**。「実体の美」がいつでも、どこでも美であり続けるのに対して、「状況の美」は状況が変われば当然消えていくものです。だから、美は万古不易ではなく、**「うつろいやすいもの、はかないものという感覚」**を日本人は育ててきたのです。

A　日本人：美はうつろいやすいもの、はかないもの
⟷
B　西欧人：美は変わらないもの

論理的解法

問一

選択肢の組み合わせを選ぶ場合は、**消去法**でしたね。

A　空所の直前は「左右相称性であったり、部分と全体との比例関係であったり」と、「～

たり」が使われています。直後は「基本的な幾何学形態との類縁性など」と、**「など」**が使われています。これらは「明確な秩序」としてどのようなものがあるのか、幾つか並べているだけ**（並列）**なので、添加（付け加える）の**イ**「そのうえ」、逆接の**ウ**「しかし」を消去。

B　あとは**ア**「それとも」か、**エ**「すなわち」かを（　B　）で決定するだけです。空所の直前、「枕草子」の冒頭の段は「模範的な『状況の美』の世界」であると述べています。そして、直後は「春ならば夜明け、夏は夜、そして、秋は夕暮」なので、**「イコールの関係」**だとわかります。そこで、**ア**「それとも」を消去。答えは**エ**の組み合わせ。

問二

指示語はまず**前から検討し、前に該当箇所がないときに限って後を検討します。**また指示語に**近いところから順次検討していきます。**

そこで、直前の「そのような原理に基づいて作品を制作すれば」を指していることがわかりますが、これでは二つの意味で答えとはなりません。

①**指示内容に「そのような」という指示語がある**ので、「そのような」の指示内容である「客観的な」をつかまえます。「そのような原理」とは、「客観的な原理」のことです。

②「それは」は主語なので、名詞です。そこで、直前の「作品」を「それ」に代入してみると、「作品は『美』を表現したものとなる」と、文が成立します。次に、「客観的な原理に基づいて作品を制作すれば」を、**「作品」が終わりにくるように書きかえる**と、「客観的な原理に基づいて制作された作品」となります。「作品」を説明した言葉なので、「制作する」よりも「制作された」の方が適切です。

解法の公式

・指示内容の中に指示語が含まれる場合は、その指示内容を押さえる（二重指示語）。
・指示内容を指示語に代入して、確認する。

問三

空所直前の**「このような」**は、段落1～3の**西欧の美**を指しています。では、西欧では美をどのように考えているかというと、その後に日本人の美意識が「状況の美」であるのに対して、西欧人の美意識を**「実体の美」**と規定していますので、答えは**イ**。

問四

すでに段落ごとの論理的関係は「論理的読解」で明らかにしています。このように出題者の多くは文章を論理的に読んだかどうかを、設問で試そうとしているのです。

ア 段落[3]の冒頭に**「もっとも」**とあることから、前の内容を**補足説明**しているので、○。

イ 段落[4]は西欧人の美意識を否定しているのではなく、日本人の美意識と**対比**しているので、×。

ウ 段落[5]の冒頭で、**「例えば」**とあるので、日本人の「状況の美」の裏づけとなる**具体例**をあげているのだから、「問題点を指摘」が×。

エ 段落[6]も「状況の美」を裏づける**具体例**として、「枕草子」の冒頭の段を挙げているので、「対照的な例」が×。

解法の公式

段落ごとの論理的関係を読み取っていけば、おのずと答えが出る。

問五

日本人が美を「うつろいやすいもの、はかないものという感覚」を持つ理由を説明する問題。抜き出し問題で最も難しいのが、今回のように探し出す範囲が広い場合です。ただし、日本人の「状況の美」についてなので、段落4以降であることは明らかです。

a　**二十字の語句**を探します。空所前後をチェックすると、日本人が何に敏感に反応するのかを探し出せばよいのだとわかります。段落4に日本人は「何が美であるか（実体の美）」よりも、「どのような場合に美が生まれるか（状況の美）」に感性を働かせていたとあります。**「どのような場合に美が生まれるかということ」**に、日本人が敏感に反応するのであり、二十字です。

――②から離れているので、探すのに時間がかかるかもしれませんが、**あらかじめ要点となる箇所に線を引いておけば、比較的簡単に正確に答えを見つけることができます。**

b　段落8で、「『実体の美』は状況がどう変わろうと、いつでも、どこでも『美』であり得る」とあります。日本人の「状況の美」はそれとは逆で、「状況が変われば当然消えてしまう」「長くは続かない」「万古不易のものではなく」と繰り返されています。この該当箇所の中で、**七字**の**「長くは続かない」**が答え。

解法の公式

抜き出し問題は、複数の該当箇所を一つに絞り込むために条件を付ける。だから、条件チェックが何より大切。

問六

内容一致問題はまず**本文に書かれていないものを消去**し、選択肢を絞り込みます。

ア 段落②に「『カノン』の中身は場合によっては変わり得る」とありますが、「地域の状況に応じ中身を変えながら世界中に広がった」とは書いてありません。第一、カノンという原理は**西欧のもの**だから、「世界中」も×。

イ 「古池や」という芭蕉の俳句は**「状況の美」の具体例**だから、「小さな蛙そのものの美しさ」が×。

ウ 「状況の美」は、段落⑦で「千年の時を隔ててもなお変わらずに生き続けている」とあるので、○。

エ 「ミロのヴィーナス」はいつでもどこでも変わらない**「実体の美」の具体例**だから、「西欧の彫刻作品の中でも異質である」が×。

2 高階秀爾『日本人にとって美しさとは何か』

発展学習

人間は主観的な動物で、私たちは**無意識のうちに文章を再解釈してしまいます**。それが無意識なので、自分が主観を入れてしまったことに気がつかないのです。

問題1・問題2でつかんで欲しいのは、自分の意識で文章を読むのではなく、筆者の立てた筋道を追って、**筆者の意識で文章を読んでいく**ことです。そのためには、**自分の主観をいったん括弧に入れなければなりません**。

さらに今回は「文化論」「美術論」というテーマでした。日本人は独特の美意識を持っていて、それは昔から今に至るまで変化することはありません。

昔の人が「桜は散ることこそ美しけれ」と歌を詠んだように、桜が永遠に満開ならば、あれほど春を待ち焦がれ、桜を愛することはなかったはずです。まさに美しいものはいつまでも続くものではなく、そのはかなさを私たちは慈しむのです。

それは夏の夜空の打ち上げ花火にも似ています。空一面に花開いた花火が次の瞬間一斉に散るからこそ、私たちはそれを愛おしむのであって、それは昔の人が「桜は散ることこそ美しけれ」と歌を詠んだこととつながっているのです。

問題提起とエピソードの役割

今井むつみ『ことばの発達の謎を解く』

目標得点 35点

問題▶P.74

解答

問一 i 注　ii わ　iii 脳裏　iv ごい　8点（2点×4）

問二 抽象的なものも名前を持ち、ことばで表現できるのだということを知らなかったから。　10点

問三 調べて考えて、真理を見抜くこと。　6点

問四 エ　5点

問五 (1) 思考の強力な武器を手に入れること　6点

3　今井むつみ『ことばの発達の謎を解く』

（2）ことばのストックを増やし、それぞれが関係する言葉を対比させることで、未分化だった概念を整理する　という過程。

10点

問六

ア

5点

目標

論理の一種である、問題提起（問題提示）を学習しましょう。このことを意識することで、何を目標にして読んでいくのかが明確になります。先を予想して読むことが、論理的読解の第一歩です。

さらに筆者は抽象的な言葉を子どもはどのように理解するのかを説明するために、ヘレン・ケラーのエピソードを紹介しています。このエピソードも具体例と同じ、「イコールの関係」なのです。

！

- **問題提起を理解する。**
- **エピソードの役割を論理的に理解する。**

論理的読解

●問題提起とは

冒頭、「目に見えない、あるいは手に触れることのできない抽象的な概念を指すことばの意味――例えば『愛』とか『敬意』といったことばの意味――を、子どもはどのように理解することができるのでしょうか」とあります。

これを**問題提起**といいます。

筆者が自分で質問をし、自分で答える形式です。では、なぜこのような問題提起をするのかというと、読者にも一緒に考えてもらいたいからで、これは**一種の強調表現**と言ってもいいでしょう。

問題提起があれば、それに対する**筆者の答えを探しながら読んでいきましょう**。そうやって、目標を持って、読み進めていきます。

次にヘレン・ケラーのエピソードが登場します。この時、君たちの頭は**「抽象的な概念を子どもがどのように理解するのか」**を頭に置かなければなりません。それを説明するために、このエピソードを紹介したのですから。

では、ヘレン・ケラーはどのようにして抽象概念を理解したのでしょうか？

3　今井むつみ『ことばの発達の謎を解く』

　筆者はそれを**「愛」という言葉の例**を紹介して、示しています。「愛」は目に見えず、しかも、手で触れることもできません。ヘレン・ケラーは目が見えず、耳が聞こえず、言葉を話すことができないので、抽象概念を理解することができないのです。なぜ、サリバン先生は具体的に示してくれないのだろうと思ったのですが、ヘレンは**「この時にはまだ、手に触れられない、抽象的なものも名前を持ち、ことばで表現できるのだということを知らなかった」**（17～18行目）とあります。

　そこで、サリバン先生は、雲の例を挙げてヘレンに説明します。雲は手に触れることができないけれども、雲があるから雨が降ってきます。つまり、「愛」もそれと同じで、目に見えないし、手に触れることができなくても、存在しているのです。

　この時、ヘレンは自分の胸の中にも「愛」が存在し、それと同じ感情が他の人の中にも存在することを理解したのです。「愛」という抽象的な言葉を理解することで、**「私の心とほかの人の心は、見えない糸で結ばれているのだ」**と、**「美しい真理」**が脳裏に閃《ひらめ》いたのです。

　さて、このヘレン・ケラーのエピソードで、筆者は何を主張しようとしたのでしょうか？

●ヘレン・ケラーのピソードと抽象的な概念の理解

エピソードは「筆者の主張」をわかりやすくするための紹介したのですから、そこにはもちろん**「イコールの関係」**が成立します。

A　筆者の主張（抽象）
＝
A´　エピソード（具体）

そこで、今度は要点となる「筆者の主張」を読み取り、そこに線を引きましょう。

「モノには名前があり、ことばはモノの名前だ」という第一の洞察に次ぎ、「愛」という言葉の理解は、「目に見えない抽象的な概念に名前を与える」という第二の洞察をヘレンに与えたのです。そして、そのことにより、ヘレンは**「直接的な感覚経験を超えた抽象的な思考」**を可能にしたのです。

言葉があるから、私たちは目に見えない、手に触れることができないものについて考えることができるようになったのです。

A　抽象的な概念に言葉を与える
＝
A´　抽象的な思考を可能にする

後半では、「抽象的なことばの意味の理解を可能にするのもまた、ことばです」（32行目）と、**筆者の新たな主張**が登場します。筆者は辞書の例を挙げ、抽象的なことばの意味をどのように理解していくのかについて説明していきます。

新しいことばでも辞書を引くことで、すでに知っていることばの説明によって知ることができるのです。そうやって、**ことばのストック（語彙）**があれば、知らないことばでも**すでに学んだことばを使って、どんどん新しい概念を身につけていくことができる**のです。それは**思考の武器を手に入れる**ことに他なりません。

ただし、ヘレン・ケラーでもすでに愛という気持ちを持っていなかったなら、ことばで説明しても、本当の意味はわかるはずがありません。その例として、筆者は愛という気持ちを持っていないロボットの具体例を挙げています。ロボットに愛の定義をプログラムしたところで、ロボットが愛の意味をわかったことにはなりません。

●問題提起の答えが筆者の主張

子どもの中にはすでに愛という気持ちがあるのですが、言葉がなければ、ただ漠然とした感情があるだけです。それを筆者は**「漠然として未分化だった概念」**（61行目）と説明しています。

では、どうすればいいのでしょうか？

「『愛』ということばの意味は『好き』や『喜び』『友情』『親しみ』『楽しさ』などの気持ちを表現することばとの関係性で決まります」（59〜60行目）とあるように、「愛」という抽象概念を直接説明することは困難ですが、**他のことばとの関係性によって、明確にし、整理する**ことができます。

冒頭の問題提起は、子どもがどうやって抽象概念を理解することができるかでしたね。それを説明するために、ヘレン・ケラーがどのように愛の意味を理解したかというエピソードを紹介し、最後にそれらをまとめたのが、末尾にある——④の箇所だったのです。

問題提起…子どもがどうやって抽象概念を理解するのか

⬆

ヘレン・ケラーの「愛」についてのエピソード

＝

問題の答え（筆者の主張）

3 今井むつみ『ことばの発達の謎を解く』

筆者は「**ことばを学ぶことによってこれらの抽象概念をシステムの中で理解し、自分の一部にしていきます**」（63〜64行目）と結論づけています。

論理的解法

問二

ヘレン・ケラーがなぜ戸惑ったのかを答える設問ですが、当然、筆者はその理由をこの後に述べるはずです。まずはその箇所を探しましょう。

現代文の設問は、**問題文にどう書いてあるか**を問うものなので、自分の頭で考えるのではなく、**該当箇所を探すことが大切**です。そのことの理解がないまま、いくら問題練習を積み重ねたところで、何の意味もありません。

――①直後に「ヘレンは、この時にはまだ、手に触れられない、抽象的なものも名前を持ち、ことばで表現できるのだということを知らなかったのです」とあります。

抜き出し問題ではないので、この箇所を**設問条件を満たすように変形**しなくてはなりません。

①**語尾の確定↓理由を聞いている**ので、「ので・から・ため」で終わること。

②「三十字以上、四十字以内で」という字数条件を満たすために、抜き出す範囲を決め、必要ならば**余分な言葉を削る**こと。

字数条件から、「抽象的なものも名前を持ち、ことばで表現できるのだということを知らなかった」までを抜き出し、最後に**理由を表す「から」**を付け加えたら完成です。

解法の公式

記述式問題であっても、「どう思うか」ではなく「どう書いてあるか」を問われているのであるから、まず書かれている箇所を探すこと。

次に、設問条件を満たすように、該当箇所を変形すること。

問三

一つひとつの漢字（単漢字）には意味があります。そうした**単漢字を合わせて、二字熟語ができあがる**のです。そこで、それぞれの単漢字の意味を考えましょう。

「洞察」の意味を知っていれば、「洞」「察」それぞれの意味は推測しやすいのですが、それを知らなくても慌てることはありません。**「洞察」が文章中、どのような意味で使われているのか**を考えればいいのです。

「ヘレンは『愛』ということばを一生懸命考え、理解したことで」とあるので、「洞察」は「一生懸命考え、理解した」という意味だとわかります。

そこで、「洞」の①「ほら穴」、②「つらぬく」、「察」の②「わきまえる」、③「思いやり」を消去することができます。残った「見抜く」、「調べ考える」が答えです。つまり、「洞察」とは調べ考えて、物事の本質を見抜くという意味ですね。

問四

論理の問題。――③は**具体例**です。では、ロボットは何の具体例なのかというと、直前に「もともと『愛する』という気持ちがどういうものかがまったく理解できなければ、いくらことばで説明されても、字面は理解できても、『ほんとうの意味』はわかるはずがありません」とあります。**ロボットは「愛する」気持ちを持っていない**のですから、いくら定義をプログラムしても、本当の理解は不可能です。

ア　現代の科学技術が高度な発達を遂げたことの例ではないから、×。

イ　ことばのストックを多く持つことの必要性を説明した例ではないから、×。

ウ　返答をプログラムすることは可能なので、×。

エ　「愛」という抽象的なことばをロボットは理解できないという例なので、○。

問五

(1) 抜き出し問題は**条件チェック**が大切です。

①「比喩を用いて説明している箇所」、②「#の範囲」、③「十六字以内」と、条件が三つあるので、該当箇所を絞りやすいです。

「#の範囲」の中で、**比喩**となるものは、範囲内の末尾にある**「武器」**しかありません。この時の「武器」は剣とか銃などの実際の武器ではなく、「思考の強力な武器」とあるので、**ものを考える時に必要なもの**を「武器」に例えたのだとわかります。「ことばを学ぶこと」とはどのようなことかと問われているので、「武器」ではなく、「武器を手に入れること」まで必要です。あとは字数条件をチェックして、答えは**「思考の強力な武器を手に入れること」**。

(2) 難問です。この設問もまず**該当箇所を探す**ことから始めましょう。ただしどこか一箇所を抜き出して、変形するだけでは答えにならないので、そういった意味では高校の入試問題としてはかなり難問の部類に入ります。

大切なことは、**何を答えなければならないかを明確にする**こと。抽象的なことばを理解していく過程とはどのような過程かを説明しなければなりません。

それを説明している該当箇所は「『愛』ということばの意味は『好き』や『喜び』『友情』

3　今井むつみ『ことばの発達の謎を解く』

『親しみ』『楽しさ』などの気持ちを表現することばとの関係性で決まります。これらのことばを学ぶことによって、それまで漠然として未分化だった概念が、より明確になり、整理されるのです」（59～61行目）となります。この箇所はあくまで「愛」の具体例なので、それを**一般的な言い方に表現し直す**必要があります。

更にそれらを**整理する**と、

①「好き」「喜び」「友情」「親しみ」「楽しさ」（具体）→ことばのストックを増やす（抽象）

②ことばとの関係性で決まる（ことばどうしの対比）

③漠然として未分化だった概念が、より明確になり、整理される

この**三つのポイントを、字数条件を満たす一文にまとめ上げればいい**のです。

「ことばのストックを増やす」

←

「それらを対比させる」

←

「未分化だった概念を整理する」

記述式問題の難問は配点も高いので、0点を取ると致命的です。そこで、**ポイントを一つでも押さえて、せめて部分点を獲得できる**ようにしましょう。

解法の公式

該当箇所がそのまま答えになりにくいときは、それらのポイントを整理してまとめる。

解法の公式

設問が抽象的なものであるにも関わらず、該当箇所が具体的である場合は、具体的な内容を抽象化して答える。

記述式問題の難問は、しっかりとポイントを押さえて、最低でも部分点を獲得するように心がける。

問六

冒頭の**問題提起**を思い出してください。

「目に見えない、あるいは手に触れることのできない抽象的な概念を指すことばの意味――例えば『愛』とか『敬意』といったことばの意味――を、子どもはどのように理解することができるのでしょうか」（7～9行目）とあり、それを説明するために**ヘレン・ケラーのエピソード**（具体例）を紹介したのでした。

そこから、最も近い内容の**ア**が答えだとわかります。

イ　同じ「愛」という言葉でも人によって違った意味で理解しているという主張ではありません。

ウ　確かにサリバン先生が登場しましたが、優れた指導者の必要性は主張ではありません。

エ　学ぶ意欲の話でもありません。

あくまで**「筆者の主張」**＝**「具体例」**という**「イコールの関係」**を理解できたかどうか、論理力を問う問題なのです。そこで、**「筆者の主張」**＝**「子どもは抽象概念をどのような過程で理解するのか」**が答えとなるのです。

発展学習

サリバン先生とヘレン・ケラーのエピソードは、言葉を考える上で非常に示唆に富んでいます。ヘレンは幼い時から目が見えず、耳が聞こえず、ことばを喋《しゃべ》ることができないという、まさにカオス（混沌《こんとん》）の状態の中で生きていたのです。

ところが、サリバン先生が言葉を教えることによって、まさに奇跡が起こったのです。手がつけられないほどわがままだったヘレンは、学問の世界に夢中となり、やがて難関大学で博士号を取得し、彼女の自伝は舞台や映画になっていったのです。

言葉を知らない状態のヘレンは、すべてが未分化の状態だったので、ものを考えることが困難だったのです。ヘレンの頭の中はすべてが曖昧なままでした。

ところが、モノには名前があることを知ることで、例えば「空」と「海」、「男」と「女」、「白」と「黒」のように、**物事を整理することができた**のです。ヘレンは夢中になりました。**言葉を知ることで、カオスだった世界が次第に明確な意味を持ち始めた**のです。

そして、次に**抽象概念を理解し始めた**のです。それはヘレンにとって、**思考力の武器**となるものだったのです。他の似た言葉と比較し、整理することで、ヘレンは世界を理解できるようになりました。それは「**イコールの関係**」「**対立関係**」に他なりません。そうやって、ヘレン・ケラーは学問の世界に入っていきます。

このエピソードで、私はある示唆を得ました。それは、**論理とは後天的であること**。ヘレンはもともと優れた遺伝子を持っていたのかもしれません。しかし、優れた遺伝子を持っていたとしても論理的な言葉の使い方を習得していなかったので、わがままな少女だったのです。ですが、論理を習得したことで変わりました。つまり、**論理的な言葉の使い方は後天的に、学習・訓練によって習得すべきもの**なのです。

もし、みなさんが論理力に欠けているならば、それは決して能力の問題ではなく、そうした学習・訓練をしていなかったからなのです。

サリバン先生と出会えなかったなら、ヘレンはやはり論理力を獲得することができずに、いつまでもカオスの中にいたのかもしれません。本書がサリバン先生の役割を果たせたならばと私は切に願っています。

鎌田實『人間の値打ち』

解答

問一 エ　4点

問二
a 効率的に処理し、最適化する　10点
b 課題の意味を理解できず、人間にとって都合の悪い答えを出す　12点

問三 合理的に解決できないとき、失敗を繰り返しながらも、自由な発想によってその場に応じて別の方法を導き出し、解決を図ろうとすること。　16点

目標得点 30点

問題▶P.84

4　鎌田實『人間の値打ち』

問四　ウ　8点

目標

筆者の主張と具体例との論理的関係を把握したかどうかが、今回の大きなポイントです。様々な具体例が登場しますから、その**具体例の果たしている役割**を考えてください。

また評論はある角度から現代を切ったものであり、この現代を生きている限り、それは君たちの生き方にも関わっているのです。それが評論を「読む」ことの面白さであり、**様々な角度からこの現代を認識することで、健全な知が養成される**のです。

- ・「イコールの関係」である具体例の役割を理解する。
- ・ＡＩ時代への認識を深める。
- ・記述式問題の解法を学ぶ。

論理的読解

●ＡＩ時代における人間の価値とは

論説文は冒頭に主張（Ａ）が提示されるか、わかりやすい具体例（Ａ'）から始まるか、

一部の例外を除き、基本的にはそのどちらかしかありません。それを意識することで、次の展開がおのずと予想されるのです。

冒頭「今、時代は大きく変わろうとしている」とあります。では、時代がどう変わるのかというと、**AI（人工知能）の存在が「人間を超えていくのではないか」**とあります。

では、これが主張かというと、筆者はこれを前提に**次の主張を展開**します。**「そんな時代にこそ、人間の値打ちが問われてくる」**とし、ではどんな人間に値打ちがあるのかというと、**「優れたAIがつくられればつくられるほど、やさしく、想定外にあったかく、強く、破壊力のある人間クサイ人間」**としています。確かにAIは記憶や計算に優れていますが、やさしさやあったかさ、強さはありません。

A　**時代は大きく変わろうとしている**（AI時代）

だから

B　**人間の値打ちが問われる。人間クサイ人間になってやる**

と、**因果関係**が成立しているのです。

ここで気がついたでしょうか？　実はこの**問題文のタイトル**は「**人間の値打ち**」です。

もちろんすべての問題文がそうだとは限りませんが、タイトルが筆者の主張となっている場合も多いので、ヒントの一つとして、**タイトルは前もってチェックしておいてください。**

●論理パターンを意識して読もう

Ａ（筆者の主張）から始まる文章は、次はそれを説明するために、裏づけとなる具体例を挙げることになります。**Ａ→Ａ´Ａという論理パターン**ですね。このように先を予想して、それを確認するように文章を読むことは、筆者の意識で文章を追っていくことなのです。

まず**Ａ**「時代は大きく変わろうとしている」（ＡＩ時代）の**一つ目の具体例**が、「今後一〇～二〇年で、～」以下の文章ですね。今ある仕事の多くが「ＡＩも含めた機械に取って代わられていく」のです。

次の段落も**Ａの具体例**です。教育の世界にもインターネットが進出し、将来「教室にいるのはロボット先生だけ、子どもたちはパソコンやタブレットで勉強する」ことになりそうです。つまり、この二つの具体例は、人間がいらなくなるということなのです。

では、**三つ目の具体例**はどうでしょうか？

「ロボットは東大に入れるか」プロジェクトの具体例ですが、これは**今までの例とは逆**で、東大ロボは「驚異的な計算力や暗記力」はあるが、「意味を理解する」ことができないので、東大には合格できないというのです。つまりＡＩでは不可能な、人間にしかできないこともあるのですね。そこに「人間の値打ち」があるのでしょう。

実は三つ目の具体例から主張Ａ「時代は大きく変わろうとしている」から、主張Ｂ「人間の値打ち」へと**論理の流れが変化している**のです。

次の段落も同じで、「大量の情報を効率的に処理し、最適化する」ＡＩは**効率ばかり重視**し、**「意味を理解できない」**ので、その「最適」な答えが「人間が求めるものと同じとは限らない」としています。その**具体例**が「地球環境を守るためにはどうすればいいか」という課題に対するＡＩの答えで、これが設問箇所となっているのです。

AI…大量の情報を効率的に処理し、最適化する・問題の意味を理解できない
例「地球環境を守るためには、人間がいなくなること」と答える

⟷

人間…いいことも悪いこともする・失敗もする・AIよりずっと効率が悪い
覚えた「正解」以外の「別解」をいくつも見つけ出せる
（AIは覚えた「正解」しか出せない）

さて、主張Ｂ「人間の値打ち」ですが、それを次のように指摘しています。「合理的に解決できない」とき、**「自由な発想でどうハードルを飛び越えるか、そこに人間の値打ちが出てくる」**のです。

ここまでをまとめると、次のようになります。

Ａ　ＡＩ時代…効率重視で人間がいらなくなるかもしれない
↑
Ｂ　人間の値打ち…合理的に解決できないとき、自由な発想でハードルを飛び越える

ここまでが前半で、後半からは**話題**が**「失敗について」**に変わります。

●もう一つの筆者の主張

「失敗が多いことが値打ちにつながることもある」が、後半の主張で、筆者はその具体例として、次にアウストラロピテクスの「ルーシー」の話を紹介します。

エチオピアのルーシーは人類の祖先だと言われているのですが、今まで旧猿人が木に登って生活していたのに対して、アウストラロピテクスは地上で生活することが増え、直立二足歩行をしていました。その結果、両手の機能を高めることができたのです。その切っ

掛けが、ルーシーが木から落ちて右上腕骨を骨折したからだというわけです。

まさに**「人間の値打ちは失敗から始まっている」**ことになります。以下、61行目までがルーシーの話で、次に**逆接**の**「だが」**が使われていることに注目。

ルーシーたちがアフリカを出て世界中に広がるグレートジャーニーの旅を始めたのに対して、**「人間は進化の旅の途上で途方に暮れている」**のです。

筆者は最後に「人間の価値が見えにくい時代だからこそ、人間クササの復興が大事」「人間の値打ちを見つめ直しながら、考えていきたい」と結論づけていることから、やはりこの文章はタイトルにあるように、**「人間の値打ち」**について書かれたものだとわかります。

論理的解法

問一

接続語は**前後の文の論理的関係**から決めます。（　Ａ　）の直前は「東大ロボの強み」であるのに対して、直後は東大ロボにとって難しいことなので、**逆接**の**エ「しかし」**が答え。

解法の公式

接続語の問題は前後の文の論理的関係で決める。

問二

傍線部が何の具体例かを考えます。

ａ　十三字ちょうどで抜き出すことに注意。

「地球環境を守るためにはどうすればいいか」という課題に対して、ＡＩならばためらいなく「人間がいなくなること」という答えを出すというのです。なぜそのような答えを出すのか。（　ａ　）の直前に「多くの情報を」とあることから、ＡＩが情報をどうするのかと該当箇所を探すと28行目に「大量の情報を効率的に処理し、最適化する」とあります。その結果、人間がいなくなると、地球環境を守ることができると、合理的な解答を出してしまうのです。**「効率的に処理し、最適化する」**が十三字で、（　ａ　）の前後ともつながるので、答え。

ｂ　「三十字以内の言葉を考えて書くこと」とあるので、単に抜き出すだけでは答えにならないことがわかります。ただし抜き出し問題でなくても、現代文は本文にどう書いてあるかを答えるものであるから、**まず該当箇所を探し、それらを整理して解答を作成する**のです。

（　ｂ　）の直後に「ことに何の迷いもたない」とあるので、どうすることに迷わないのかというと、「人間がいなくなること」と、恐ろしい答えを迷いもなく出してしまうことから、本文中にある「『最適』な答えが、人間が求めるものと同じとは限らない」を押さえます。しかし、これだけでは不十分で、設問にも「考えて書くこと」とあるので、**「人間に都合の悪い答えを出す」**（人間に不都合な結論を出す）ことにためらわないと導き出します。

この箇所は問題文の中に直接使える語句がないので、ある程度自分の言葉で考えるしかありません。たとえ表現が多少異なっていても、**内容が合っていて、日本語として空所直後とつながっていれば、正解**です。では、なぜ人間に不都合な答えを出すのかというと、AIは効率重視（合理的）で、**「課題の意味を理解できない」**からです。「効率」という言葉は（　a　）で使っているから、不必要です。

解法の公式

抜き出し問題ではなくても、まず該当箇所を探し出し、次にそれを整理することを考えよう。

問三

まず語尾を確定します。「何だ」と聞いているので、最後は「～こと」で終わります。

4 鎌田實『人間の値打ち』

次に「人間の値打ち」に当たる箇所を探し出すのですが、問題文は**前半と後半とで大きく二つに分かれている**ことに注意しましょう。もちろんどちらも「人間の値打ち」についての文章です。

冒頭では、ＡＩ時代には「人間の値打ち」が問われるとありますが、では「人間の値打ち」とは何かはまだ説明されていません。その後に、ＡＩ時代の具体例が続きましたね。前半で「人間の値打ち」が明確にされたのは、「『正解』以外の『別解』をいくつも見つけ出せるのは人間の強みである。人間が生きていくなかでは、合理的に解決できないことがいくらでもある。そんなとき、自由な発想でどうハードルを飛び越えるか、そこに人間の値打ちが出てくる」（37～39行目）です。

さらに後半では、「失敗が多いことが値打ちにつながる」（42行目）、「人間の値打ちは失敗から始まっている」（49行目）とあり、その具体例として「ルーシー」を紹介しています。

つまり、「人間の値打ち」とは何かというと、**前半と後半の二つのポイントをまとめる要約問題**だったとわかります。そこで、ポイントを整理すると、

①正解以外の別解をいくつも見つける
②合理的に解決ができないとき、自由な発想でそれを飛び越える
③失敗を繰り返す（ことで成功を生み出す）

この三点を六十五字以内でまとめます。

解法の公式
記述問題は書くべきポイントを数え上げること。そのポイントに部分点がある。

問四

内容一致問題は**消去法**で解きましょう。

ア 断定的な文末表現にすることで、読み手が筆者の考えに共感できるという根拠は本文中から読み取れないので、×。

イ 筆者は人工知能に対して、「人間クササ」の復興を主張しているのですから、「筆者の肯定的な立場を強調」が、×。

ウ 筆者の主張を裏づける**具体例を複数挙げている**ので、○。

エ 「今」、「だが今」を最初と最後の段落冒頭に用いていますが、それが「筆者の立場が一貫したものである」根拠にはならないので、×。

4　鎌田實『人間の値打ち』

発展学習

君たちが社会に出る頃には、すでにＡＩ（人工知能）やロボットによる社会構造への本格的な変化が起こっています。ＡＩやロボットはあらゆるものに自律化を実現します。**つまり、人間がいなくても、すべてＡＩやロボットで完結する社会が到来する**のです。

すでに記憶や計算はコンピュータの仕事。漢字が書けなくても、ワープロが自動変換してくれます。そうした時代に活躍するためには、君たちは**詰め込みを中心とした古い教育を脱却し、新しい教育を身につけなければなりません。**

問題文に指摘してあったように、ＡＩには読解力がありません。それゆえ、これからは論理的な読解力を武器とし、自由な発想で、答えのない課題に自分で答えを見つけていかなければならないのです。

またＡＩを動かすのも、論理的な言語なのです。グローバル社会においても、他者とのコミュニケーションに必要なのは、論理力です。

君たちは単に国語の点数を上げるためだけでなく、**本書によって本物の読解力を身につけ、来るべきＡＩ時代に活躍できるように学び続けなければなりません。**

宮下奈都『つぼみ』

解答

問一　ウ　8点

問二　ア　8点

問三　思いがけず自分自身の話題になり、ほめられて恥ずかしくなったから。　14点

問四

紗英	紺野さん
活け花への情熱を持ち、その思いをまっすぐにぶつけてくる人。（活け花への情熱を持ち、背伸びをせずに体当たりをする人。）	友だち思いで気配りができ、こつこつと真面目に努力する人。

20点（10点×2）

5 宮下奈都『つぼみ』

目標

小説の解き方を理解できたかどうかです。誰もが文章を読む際に主観を入れて再解釈しがちですが、それが無意識のうちに行われているので、自分ではなぜ間違ったのか気がつきにくいものです。

もし、間違えたなら、そこが主観を入れてしまったところだと思って、解説を丁寧に読み込んでください。

また**登場人物の動作、セリフ**など、**客観的な根拠を正確に把握する**ことが大切です。**心情を表す言葉があれば必ず線を引く**ことにしましょう。

・小説の解法を理解する。
・登場人物の心情を客観的に分析する。

論理的読解

●問題文の場面を把握しよう

主観を入れずに、いかに客観的に分析できるかでしたね。もちろん今回の問題文も長い小説の一場面を切り取ったもので、君たちは登場人物がどのような性格で、今どのような状況にあるのか、まったく知りません。そこで、**文中の根拠から最低限の状況を把握する**必要があります。

まず登場人物は「私」と紗英《さえ》、紺野さんの三人。この場面は**「私」の視点**で描かれていますが、問四の設問で、「私」を「二人の先生である」と明記しています。このように**設問自体もヒントになる**ことがあります。

22行目に「花器を替えておさらいするところをほめたい」とあるので、活《い》け花の先生である「私」が二人にレッスンを終えた場面だとわかります。

●紗英と紺野さんに対する「私」の評価

小説問題は**登場人物の心情が表れている箇所に線を引きながら読んでいきます**。そこで、主人公である**「私」の心情**を追っていくことにしましょう。

冒頭、紗英が花器置き場の前で屈《かが》み込んだまま動きません。その理由を、友だちの紺野さんが「私」に説明しています。

「今日活けた花を、別の花器に活けていたとしたらどうなっていたか、その花器の前でシミュレーションするんだっていってました」（11～12行目）。

「私」のレッスンの後に、紗英は花器を替えておさらいをしているのです。この紺野さんの説明を受けたことに対する「私」の心情をチェックしましょう。

「記憶力が優れている点をほめているのではなく、花器を替えておさらいするところをほめたい。それは、活け花への情熱だ。知りたいという気持ちの強さが、花の隅々までを記憶に残すのだ」（21～23行目）。

これが**「私」の紗英に対する評価**なのです。

さらに今度は紺野さんに対する「私」の評価が語られています。

「紗英は恵まれている。身近にこんなにいい友達がいて。後片づけの手伝いもせず、自分の興味や好奇心や能力に没頭できるのは、それをゆるしてくれる環境があるからだ」（26～28行目）。

「真面目にやることがすべての基本だと伝えたい」（32行目）。

ここから**紺野さんの真面目さへの「私」の評価**が読み取れます。

また紺野さんの「友達のことは、いつも羨んでます」（36行目）、「特別な才能がなく生きるっていうのはけっこうむずかしくて」（38行目）などから、紺野さんは紗英の才能を羨んでいるとわかるのですが、それを否定的に捉えるのではなく、「私はわりと気に入ってます」（39行目）と、紺野さんは前向きに考え、**才能がなくても真面目に努力しようと**

しているのです。

最後に「私」は、紗英に対して、「背伸びをしない。正直に、体当たりで来る」（46行目）と評価しています。そして、紺野さんが「ラケットの真ん中にボールが当たるようになるかもしれない」（41行目）としているのと同じように、「この子も『真ん中に当たる』ようになるかもしれない」（47～48行目）と思っています。

このように問題文は、**「私」の視点からの、二人の生徒に対する評価**が語られているところなので、設問もおのずとそこを読み取ったかどうかを問うものとなるのです。

論理的解法

問一

慣用句と文脈の問題。

ア　舌を巻く…感心した様子

イ　肩を落とす…気落ちする・落胆する

ウ　首をひねる…不可解なことに直面した戸惑い

エ　耳を澄ます…集中して聞こうとする・耳をそばだてる

どれも**体の一部を使った慣用表現**で、日常的に使われるものですから、基本的なものばかりです。

空所直後の、紺野さんのセリフに「よくわからないんですけど」とあることから、**ウ「首をひねる」**が答え。

解法の公式
空所問題はその前後をチェック。文脈から解くこと。

問二

紺野さんがなぜ——①のようなことを言ったのかというと、その直後、紺野さん自身が説明しています。

「今日活けた花を、別の花器に活けていたとしたらどうなっていたか、その花器の前でシミュレーションするんだっていってました」（11〜12行目）と、あることから、**ア**が答え。

紗英が「花器を替えておさらい」していることを知っているからこそ、「私」に少しだけ待つように頼んだのです。

イ「自分から他人に頼めない性格」、**ウ**「不安定な気持ちを落ち着かせたい」、**エ**「恩を売っておく」などは本文中に何の根拠もありません。もし、これらを答えとした人は、文中のどこにそれが書いてあるのか指摘しなければなりません。**文中に根拠のないものは、すべて×です。**

解法の公式

文中に根拠のない選択肢は、すべて×。

問三

理由を答えるものだから、語尾は「ので・から・ため」。――②を吟味すると、なぜ「驚いた顔」になったのかと、なぜ「頬を赤らめた」のかの**二つの理由を答えなければなりません。**

――②を吟味せずに、いきなり答えを出そうとすると、落とし穴にはまってしまうから注意が必要です。

ここは**紺野さんの心情を把握したかどうか**です。

――②の直前に「私の言葉に」とあることから、直接の理由は「紺野さん、あなたは伸びるわよ」と言った**「私」のセリフ**です。

では、なぜ紺野さんが「驚いた顔」になったのかというと、紺野さんは紗英の才能について「私」に説明していたのだから、当然「私」が紗英をほめると思っていたはずです。それなのに、突然「紺野さん、あなたは伸びるわよ」と**自分を話題にしたので、驚いたの**です。

次に、なぜ「頬を赤らめた」のかというと、**ほめられて恥ずかしくなった**からですね。抜き出し問題ではないので、この**二つのポイントに部分点があります**。

①思いがけず自分の話題になったこと（驚いた理由）
②ほめられて恥ずかしかったこと（頬を赤らめた理由）

解法の公式
傍線部をまず丁寧に吟味せよ。

解法の公式
抜き出し問題以外の記述式問題は、書くべきポイントを数え上げる。

問四

――③は「私」が、紗英と紺野さん両方に対して、**「『真ん中に当たる』よう努力してい**

る」**と評価している**箇所です。ただし、**二人のその方法はまったく異なります。**

「私」がどう評価しているかを問われているので、まず設問条件にあるように「本文全体」からそれぞれ「私」の評価を取り出します。そして、それらをまとめれば答えができます。

・紗英

「記憶力が優れている点をほめているのではなく、花器を替えておさらいするところをほめたい。それは、活け花への情熱だ」（21～22行目）から、**「活け花への情熱」**が一つ目のポイント。

「背伸びをしない。正直に、体当たりで来る」（46行目）が二つ目のポイント。「体当たり」は別の言葉に置きかえて、可。

・紺野さん

一つ目のポイントは、「真面目で気配りができるっていうのは、ひととしていちばんの美徳なの」（33行目）で、二つ目のポイントはその直後の「友達のこと、いつも大事にしているし」。

冒頭、紺野さんが「私」に対して、「少しだけ待っててやってもらえますか」と言ったのが**「気配り」**だし、「私」に紗英の才能を説明していることから、**友達を大切にしているとわかります。**

これらをまとめたのが答えですが、単に本文中の言葉を抜き出すだけでは答案を作成できない点が、やや難しかったかもしれません。

解法の公式

記述問題では文中の該当箇所を整理して、自分の言葉でまとめる必要があることがある。

発展学習

小説問題に対して、作者に聞いてみないと答えがわからないという人がいます。しかし、実は**活字になった作品はすでに作者の手を離れている**のです。作者が読者一人ひとりに自分はこういう意図で作品を書いたのだと説明することはできません。

作者の手から作品が離れてしまっているので、**小説問題は作者の意図とは関係なく、どのように書かれていたのかを問う**ものなのです。だから、すべての根拠は文中にあるのです。こうした初歩的なことを知らずに、ただ小説問題を数多く解いたところで、何の訓練にもなりません。

作者は読者に正確に伝えようと、様々な工夫をして描写をしています。**その描写を正確に読み取る**ことで、初めて客観的な読解が可能になるのです。

●登場人物の心情を客観的に把握

藤岡陽子

『おしょりん』

解答

問一 i さ　ii ぼん　4点（2点×2）

問二 ア　4点

問三 末吉が腕組　6点

問四 薄暗い部屋なのに「眩しい」と言ったので、ツネがどうなってしまったのかということ。　12点

問五 ツネの目が悪かったことを知り驚いて信じられないでいる気持ち。　10点

目標得点 35点

問題▶ P.106

問六

a 一から字を読む勉強がしたい
8点

b せがんでいる
6点

目標

小説問題では、**登場人物の心情**を読み取ることが大切です。その心情は論理的に説明されるというよりも、**動作**、**セリフ**、**情景描写**などで、巧みに描写されるのです。

今回は心情を表す動作に着目しましょう。もちろん文中からその根拠を丁寧につかまえていくことが必要です。

- 小説問題の読み方、解き方を身につける。
- 登場人物の心情を動作から読み取る。

●場面の背景を整理して読む

小説問題はどこか途中の一場面を切り取って作成されることがほとんどです。そこで、今回のように問題文の前に、ここに至るまでの最低限の情報が提示されることがあります。まずはこの**リード文を整理する**ことから始めましょう。

この小説の舞台は明治三十八年です。明治四十五年が大正元年ですから、明治の終わり頃と考えていいでしょう。もちろん君たちが体験したことのない時代の話ですから、今の価値観で読むのではありません。

当時はまだ今のようにめがねは普及しておらず、しかも、舞台が村であるので、とても珍しいものだったのです。そうした村に五左衛門《ござえもん》と、その弟の幸八《こうはち》がめがね工場を建てようとしていたのです。そこで、**大工の末吉《すえきち》にめがね職人になるよう説得していました。**

また末吉と小春《こはる》の娘に、小学三年生のツネがいるのですが、**幸八はツネが黒板を写せないことを不思議に思っています。**こうした情報がないと、問題文を理解することは困難なのです。

そして、問題文の場面は、幸八が末吉の家を再訪問する場面です。

6 藤岡陽子『おしょりん』

●セリフと動作からわかるツネの心情

この物語は**幸八の視点**で書かれています。

幸八は千代紙を折るツネの様子を見て、「どう見ても、勉強についていけないような娘ではない」（8行目）と思います。ここから黒板を写せないツネは学校で勉強についていけないのだとわかります。

「どうしたんや」（11行目）と、末吉が再び戻った兄弟を不思議そうに見つめたことから、末吉がすでにめがね職人になって欲しいという頼みを断ったとわかります。それなのにまた舞い戻ってきたのですから、不思議に思ったのです。

実は**幸八の目的は他にあった**のです。

「実はツネちゃんに用があって戻ってきたんです」（18行目）と幸八が言うと、ツネの母親である小春も足を止めて、こちらを見ます。

幸八は手持ちのめがねを全部持ってきて、その中の一つをツネに掛けさせます。

その時のツネの描写ですが、セリフとしては「眩《まぶ》しい……」（38行目）、動作としては「目に虫でも入った時のように瞬《まばた》きを繰り返すばかりだ」（44行目）となっています。

生まれて初めてめがねをかけたり、コンタクトレンズを入れたりした時、目が痛いほど眩しかった経験をした人も多いと思います。ツネも今まで見ていた光景がすっかり変わってしまうのですから、驚いたことでしょう。
「おとっちゃんの顔が……いつもと違って見えるで」（45行目）
「目も鼻も口も、なんでかすごく大きく見えるんや」（48行目）
といったセリフから、**ツネの興奮ぶり**が読み取れます。

幸八は、ツネが黒板を写せないことを不思議に思っていたのですが、これで**その原因が氷解した**のです。

「ツネちゃんは勉強ができないわけやなく、黒板の字が見えてなかっただけ違いますか。もしかすると教科書の字も見えにくかったかもしれん。ほんまは聡《さと》い子やで、生まれつき目が悪かっただけやとぼくは思うんです」（53〜55行目）といった幸八のセリフからそのことが判断できます。

さらに、「この娘の視界は、生まれた時からぼんやりと曇っていたのだ。だがそれはこの娘にとっては当たり前のことで、両親や教師に訴えるようなことではなかったのではないか。だから誰も気づかなかった」（56〜58行目）と、作者は説明を付け加えています。

この時の**ツネの心情**は「弾んだ声を出す」「その場で飛び跳ねた」（63行目）などの**動作で表現されてい**るのです。

では、ぼやけていた視界がはっきりとした今、ツネはまず何をしたのかというと、尋常

のです。小学校読本《とくほん》（小学校の教科書）を取り出して、五左衛門の後に続いて懸命に音読し始めた

「時々はめがねを外し裸眼で読本を眺め、また掛け直しては読本を見つめることを繰り返す」（71〜72行目）とあることから、**今まで教科書が読めないで苦労していた**ことが推測できます。

このように**セリフや動作から、いかに客観的に登場人物の心情を把握したか**が最も大切なのです。

論理的解法

問二

語彙の問題。「神妙」とは、態度がおとなしく素直なこと。そこから、**ア**が答え。基本的な語彙なので、難しくないと思いますが、もしわからなかったら、**文脈上当てはまらないものを消去して、少しでも正解の確率を上げる**こと。この場合、末吉に断られたにも関わらず、幸八と五左衛門が再訪問した時の態度を表す言葉であることから、**イ**「怪しむ」、**ウ**「悟っている」などを消去できます。また「神」と「妙」という字面から、**エ**「落ち着かない」も当てはまらないと推測できます。

問三

末吉の心情は動作に表れています。設問に書かれている「一文」、「——①の後の本文中から」という、二つの条件に着目すること。

24行目に「なんやこれ。さっき見ためがねやないか」も、末吉の不満そうな口調ですが、抜き出すのは**「態度」**なので、その次にある**「末吉が腕組みをしたままめがねを顎《あご》で指し示す」**が該当箇所。

めがねを指さすならばともかく、顎で指し示すのはかなり不遜な態度で、この動作から末吉の不満がうかがえます。

問四

設問は「どのようなことに対して『心配』していると考えられるか」なので、——②直後の「ツネの頬に手を当てる」という動作からも、ツネがどうなってしまったのかを心配しているとわかります。

では、なぜツネの様子がおかしいと思ったのかというと、——②直前の「どうしたんや。なんで眩しいんや」というセリフから考えます。「ツネが眩しいと言ったから」だけならば、四十字以内という字数条件に合わないし、第一、これだけではなぜ心配したのか、その理由がわかりません。

さらに前を検討すると、「行灯《あんどん》がひとつだけ灯《とも》る薄暗い部屋だった」とあるので、小春と末吉が顔を見合わせたのです。**薄暗い部屋であるにも関わらず、ツネが「眩しい」と言ったので**、末吉は心配したのです。

①ツネがどうなってしまったのかということ

（別解　ツネの様子がおかしいこと）

②薄暗い部屋なのに「眩しい」と言ったこと

以上、二点がポイントです。

問五

今度は**小春の心情**を読み取ります。――③直前の「おっかちゃんのその前掛けに、こんな白い花の模様があったんか」（50行目）というツネのセリフから、このとき初めてツネが今まで見えていなかったことに気がついたとわかります。その驚きの様子が、「その場にいる幸八以外の大人たちから、表情が消えた」（51～52行目）と表現されています。**幸八以外は誰も思いもよらなかった**のです。そして、小春もまた驚くと同時に思いもよらなかったことなので、にわかに信じられませんでした。それを**「両手で口許《くちもと》を押さえたまま、**

さっきから動けないでいる」（52行目）と描写されているのです。

問六

（ a ）は十五字以内で、**自分の言葉**で書きます。（ b ）は**六字の言葉を抜き出し**ます。

a　空所直後に「と思って」とあるので、**ツネが思ったこと**を答えます。田中のセリフから、小学三年生のツネがなぜ小学校一年生の教科書を持って来たのか、その理由を答える問題です。一年生の時からまともに教科書の字を読むことができなかったツネは、一から勉強をしたいと思い一年生の教科書を持ってきたからだとわかります。

b　**ツネの心情が表れている動作**としては、65行目の「すぐに戻ってきて」と、――④直後の「読んでくれとせがんでいる」です。六字という字数条件から「せがんでいる」が答え。

発展学習

君たちが生きている現代では、めがねどころかコンタクトレンズが当たり前ですので、明治三十八年の村の状況は想像するしかありません。おそらく、めがね一つでツネの人生は大きく異なっていくことでしょう。

国語の問題の多くは現代ではなく、過去の時代を舞台にしていて、それぞれの時代に現代とは違う背景や事情があります。例えば、明治以後の近代においては、戦争や死は身近なものでした。明治維新、戊辰戦争、西南戦争、日清戦争、日露戦争、第一次世界大戦、第二次世界大戦と、およそ十年（第二次世界大戦は二十年）ごとに日本中が戦争に巻き込まれたのです。

多くの作家たちはたとえ自分が戦争に行かなくても、家族や知人が戦争で人を殺したり、殺されたりしていました。しかも、結核という不治の病が流行していたのです。まさに**戦争も殺人も、死は絶えず身近にある現実そのもの**だったのです。

そうした作家たちが描く小説の世界を、戦争を知らない君たちが深く理解するのは、決して簡単ではありません。だからこそ、**主観を入れず、文章中の根拠を探しながら、客観的に読む訓練をする**必要があるのです、そして、試験はそうした読解力を試そうとしているのです。

『きのふはけふの物語』

問題▶ P.120

解答

問一 まいる 6点

問二 ③・④ 10点（完答）

問三

（1）人々は気の毒に思っており、まじない手が若衆の喉に詰まった餅をすぐに取り除いたから。 16点

（2）若衆は餅をひとつでも多く食べることを望んでいたため、餅を腹の中に入れてほしかったと述べている。 18点

7 『きのふはけふの物語』

目標

古典であっても、現代の文章と同じように**論理的に読み**、**論理的に解く力**が要求されています。現代の文章に比べて、内容が具体的で、身近な話が多いので、理解しやすいはずです。

まずは**注釈や現代語訳を利用して**、**文章の内容を読み取る**練習をしましょう。

- **古文の読解法を理解する**
- **主語をつかまえる**
- **話の面白さを読み取る。**

論理的読解

●現代語訳や（注）から内容をつかむ

冒頭に「粗忽《そこつ》なる若衆」とあります。左側に「そそっかしい若者が」と現代語訳があるので、この文章は**「そそっかしい若者」についての話**だと推測できます。そのことを必ず頭に置いて、以下の文章を読んでいきましょう。

「まゐる」は召し上がる、「物数」は「ひとつでも多く」と現代語訳が付いていますので、このそそっかしい若者は餅を食べようとしたとき、一つでも多く食べようとしたのですね。現代と異なり、この時代は餅は貴重な物で、そう簡単には口にすることができません。「ふためひて」は慌てること。**この若者は一つでも多く食べようと、慌てふためいたために、喉に餅を詰まらせてしまった**のです。

さて、二つ目の文ですが、「せうしがりて」は「気の毒に思い」、「まゐらせても」は「差し上げても」が現代語訳。「人々せうしがりて」とあるので、その場にいた「人々」が、喉を詰まらせたこの若者を気の毒に思ったのです。そこで、薬を飲ませたのですが、**餅が喉を通ることはなかった**のです。

餅が喉に詰まったままだと大変なことになりますね。そこで、三つ目の文。「何かというふうちに」は「そうこうしているうちに」、「まじなひ手」は（注）に「神仏などの力を借りて病気などを取り除く者」とあります。この時代は病気になったときに医者がいなかったので、呪術に頼るしかなかったのです。まさに神頼みです。「やがてまじなふて」はすぐに祈ってと現代語訳にあるので、**天下一の呪術師を呼んで、すぐに祈ってもらった**とわかります。

さて、無事に餅を取り除くことができたのでしょうか？

7 『きのふはけふの物語』

「ちりげもとを、一つ叩きければ」の主語は「まじなひ手（呪術師）」。若者の首のつけ根あたりを一つ叩くと「りうごのごとくなる（真ん中がくびれた形をした）」餅が「三間（約五・四メートル）」ばかり先に飛んで出たのです（あまり神仏などの力とは関係ないと思いますが）。

次の文は「さても」は「本当に」、「このまじなひ」は「（まじなひ手による）処置」、「ちと遅くは」は「もう少し遅ければ」、と現代語訳があることから、その場にいた人たち全員がこれを見て、本当にめでたいことだ、**この処置がもう少し遅ければ若者の命が危なかったと言ったのです。**

「さりとては」はやはり。そこで人々がこの呪術師を「天下一だけある」と褒め称《たた》えれば、それをこの若者が聞いて、次のように言ったのです。

「さのみ」は「それほどの」、「あつたら物」は「せっかくのもの」という現代語訳なので、その若者が言うには、**その呪術師は決して名人ではない。折角の物（餅）を体の中へ入るようにしてこそ、天下一の呪術師だ、**だから天下一、いや、二でもないと言ったのです。

このように**現代語訳や（注）をしっかりとつかまえれば、決して古典の解釈は難しくないのです。**高校入試で問われる古典の学力はこの程度だと思って、見かけの難しさに戸惑わないようにしてください。

論理的解法

問一

語彙の問題。**歴史的仮名遣い**を直すことは基本中の基本です。歴史的仮名遣いの「ゐ」を現代仮名遣いに直すと「い」。たとえば、「ゐる」→「いる」となります。基本的な歴史的仮名遣いは暗記しておきましょう。

解法の公式

歴史的仮名遣いを現代仮名遣いに直すときの決まり

- 「は行」→「わ行」 例 いはく→いわく／問ひ→問い／違ふ→違う
- 「ゐ」→「い」／「ゑ」→「え」 例 ゐる→いる／ゆゑ→ゆえ
- 「ぢ」→「じ」／「づ」→「ず」 例 ぢめん→じめん／よろづ→よろず
- 「を」→「お」 例 をとこ→おとこ
- 助動詞「む」→「ん」 例 行かむ→行かん
- 「くわ」→「か」／「ぐわ」→「が」 例 くわんのん→かんのん
  ぐわんかけ→がんかけ

・「アウ（au）」→「オー（ō）」例 やうやう（yauyau）→ようよう（yōyō）
・「イウ（iu）」→「ユー（yū）」例 いやしう（iyashiu）→いやしゅう（iyasyū）
・「エウ（eu）」→「ヨー（yō）」例 けふ（kehu）→きょう（kyō）

これらの法則を頭に置いておきましょう。

問二

古典は前文と主語が異なる場合でも省略されることが多いので、いつでも主語を補って読み取ることが大切です。

主語とは、述語に対して、「誰が」「何が」に当たるものです。

①直前の「ふためひて」までは主語は「若衆」。「詰まる」のは何がかというと、「餅」なので、主語は「餅が」。

②「まじなひ手」を呼んだのは、「人々」なので、周囲の人たち。

③「まじなふて（祈って）」はまじなひ手の行為。

④若衆の首のつけ根のあたりを叩いたのも、「まじなひ手」。

解法の公式
古典は必ず主語を補って読解すること。

問三

(1) **理由**を述べるのだから、語尾は「ので・から・ため」。「その理由を、『まじなひ手』が来る前の若衆の状況に対する人々の思いを含めて」とあります。古典であっても、**答えは文中にあるので、まず該当箇所を本文から探します**。

「人々せうしがりて（気の毒に思い）」とあるので、ここが**一つ目のポイント**。

では、なぜ人々はまじなひ手を「天下一ほどある」と評価したのかというと、直前に「みな人々これを見て、さてもめでたいことじや」とあります。「これ」は**まじなひ手が喉に詰まった餅をすぐに取り除いた**ことを指しているので、これが**二つ目のポイント**。

(2) ここでも問題文中から該当箇所を探します。まず「餅をどのようにしてほしかったと述べているか」というと、「あつたら物を、内へ入るやうにしてこそ、天下一よ」と述べています。つまり、**喉に詰まった餅を胃の中に入れてほしかった**と言っているのです。

では、なぜ若衆がそう望んだのか、それがわかる若衆の行動を探すと、冒頭、「餅をまゐるとて、物数を心がけ、あまりふためひて」とあります。つまり、餅を慌てて食べたため、喉に詰めてしまったのですが、その理由は**餅を一つでも多く食べようと思ったから**で、これが二つ目のポイント。

発展学習

問一の歴史的仮名遣いの問題以外、古文の特別な知識がなくても、**現代語訳や（注）を丁寧に読み取ることによって、内容を確実に理解できることがわかった**と思います。

では、この**問題文の面白さ**はどこにあるのでしょうか？

そこを読み取ったかどうかを試したのが、問三で、これが配点の大部分を占めています。

まず若者が一つでも多くの餅を食べようと慌てて、そのために餅を喉に詰めてしまったことに注意しましょう。当然呼吸困難になって、命の危険にさらされていたから、周囲の人たちは大慌てをしたのです。

まじなひ手のおかげで餅を喉から取り出すことができたのに、この若者が不満なのは、喉から飛び出した餅がもったいないことでした。**それほどの食いしん坊であるこの若者の滑稽さ**が、こうして活字となって、今の時代に伝わっているのです。

『十八史略』

目標得点 40点

問題▶ P.124

解答

問一 左右に謂つて曰はく 10点

問二 ウ 8点

問三 ア 12点

問四 韓休が宰相となり、玄宗を厳しくいさめたために、国が豊かになったということ。 20点

目標

最後は漢文の問題です。これも古文と同じように、漢文の特別な知識がなくても、**国語の読解力で充分に解決可能**です。

8 『十八史略』

書き下し文（漢文を日本語の語順に変えたもの）を下敷きにして、後は（注）を手がかりに本文を読解していきます。

ただし漢文の基礎知識として、**簡単な漢文を書き下し文に直せなければなりません**。問一がその設問です。

また古文と比べて、漢文では論理的な文章が多く、今まで学んだ**論理力がより効果を発揮**します。また**教訓めいた話**が多いのも特色の一つです。

- **漢文の読解法を理解する。**
- **簡単な漢文を書き下し文に直す。**
- **教訓を理解する。**

論理的読解

●玄宗皇帝と家臣「韓休」

書き下し文の左側にある現代語訳と(注)から、「二十一年」は唐の玄宗皇帝の時代、「韓休」は家臣の名前、「同平章事」は宰相のことなので、第一文は唐の玄宗皇帝の時代に、その家臣である韓休が宰相の地位に就いたということ。第二文は現代語訳から、韓休の人柄は厳しく正直であったとわかります。

そこで、**彼の人柄がいかに厳しく正直であったのか、必ずその具体例がくる**ことは、すでに論理的な読解で学んだはずです。

「上」とは皇帝のこと。時代劇では将軍のことを上様といいますね。ここで現代語訳を見ると、玄宗皇帝が宴会で少し度を越すと、そのたびごとに［　　］だとわかります。この［　　］には漢文の「謂左右曰」が入ることが明らかです。

では玄宗皇帝は家臣たちに何と言ったのかというと、現代語訳から韓休はこのことに「気づいていまいか」だとわかります。

韓休は厳しい人だったので、皇帝は宴会で度が過ぎると、彼からいさめられることを恐れたのでしょう。案の定、その言葉を言い終わる時には必ず韓休からのいさめの書状が届いたのです。

つまり、韓休は皇帝にこびることなく、何かあれば遠慮せずにいさめたのです。それだけ**厳しく正直な人柄**だったのです。

こうしたことから、周囲の家臣たちは韓休が宰相となってから、陛下は以前より［　　］と言ったのですが、それに対して、玄宗皇帝はため息をついて、「私は痩せてしまったが、天下は肥えたり」と言ったということです。

さすがは唐の皇帝ですね。普通は取り巻きにおべっかを使う家臣を置きたがるものですが、**玄宗皇帝は逆にいさめてくれる家臣をそばに置いた**のです。

論理的解法

問一

書き下し文と漢文とを照らし合わせます。漢文の「上或宴遊小過、輒」と、「韓休知否」との間にある「謂左右曰」が該当箇所。書き下し文の□に入ることばを答えるのだから、これを**書き下し文に直します**。

一・二点があるので、「左右に」の次に「謂って」がきます。

解法の公式

返り点（レ点、一・二点など）がある時は語順を変える。
レ点の場合は、先に下の一字を読んでから戻る。
一・二点の場合は二と一の間の字を読んでから戻る。

問二

直後に「吾痩せたりと雖も」とあることから、答えは**ウ**。そばにいる家臣が、韓休が宰相になってから陛下が痩せたと言ったので、それに答えて、皇帝が**「確かに私は痩せてしまったが」**と答えたのです。

玄宗皇帝が宴会で度を越そうとすると、すぐに韓休がいさめたので、皇帝が痩せてしまったということ。

問三

自分が宴会で度を越してしまったのを、韓休が気づいたかどうかという意味なので、この時の皇帝の気持ちとしては、**ア**が答え。**ウ**は逆の内容で、**イ**と**エ**は本文中に記述がありません。

問四

直前の「吾痩せたり」と、――②「天下は肥えたり」とが**対立関係**。このように漢文では「イコールの関係」と「対立関係」を使った文章が多いので、注意が必要。韓休があまりにも厳しくいさめるので、自分は痩せてしまったが、その代わり、**国は豊かになった**ということ。

「理由を明らかにして」という条件があるので、「～から、～になったということ」という形で答えましょう。

①韓休が宰相となった
②韓休が厳しくいさめたので
③国が豊かになった

この三点がポイント。

発展学習

漢文の問題も古文と同じように、**現代語訳や（注）、書き下し文など、これらのヒントをいかに利用して、問題文を解釈していくのか**がポイントです。

論説文や小説においても、わからない箇所を諦めるのではなく、論理や文脈力を駆使すれば、大抵は解決ができるものです。これは国語に限らず、英語の文などで、**わからない箇所を論理と文脈力で推測する**力にもなります。

またそうやって**粘り強く考えることで、真の読解力や思考力が養成されてきます。**

あとがき

まずは「スタートアップ編」で、君たちは国語の解き方、勉強の仕方を理解したと思います。本書は繰り返し学び直してください。しっかりとしたフォームを固めなければ、次に問題量をこなしても、あまり効果を得ることができません。

本書を理解できたなら、今度は**ある程度量をこなしていく**段階となります。その際、**自分の学力よりも一段階低いものから始める**と、より効果的です。そして、確実に学力が身につくまで、多くの量をこなしていくことが必要なのです。

では、どれだけの量をこなせれば、国語力が確実に身につくのか？

これは君たちの今までの言語体験の積み重ねの量によるものですから、一概に言うことはできないのです。ただ確実に言えることは、**だれでも必要な量をこなすことによって、国語力、論理力は自分のものにできる**ということです。そして、一度身についた国語力、論理力は**すべての教科の土台となる**だけにとどまらず、**大学入試でも、大学に入った後の論文の読み書きでも、君たちを助ける**ことになるでしょう。

そのためにこの**レベル別問題集**があるのです。

出口汪

水 王 舎